VERGNÜGEN

RUND UM

NÜRNBERG

21 1/2 TAGESTOUREN
FEIERABEND-RIDES
WOCHENEND-BIKEAWAYS

EINFACH RAUS!

LISA AIGNER

Als Journalistin und Autorin ist Lisa Aigner überall unterwegs, wo es spannende (outdoor) Geschichten zu erzählen gibt. Ihren ersten Wanderführer hat sie für den Kompass Verlag in der Fränkischen Schweiz geschrieben. Ein weiterer folgte über Steigerwald und Frankenhöhe. Was für eine schöne Gelegenheit, mit der neuen Radvergnügen Reihe nun wieder diese wunderschöne Region zu besuchen – nur diesmal eben mit dem Rad.

Nürnberg – ein mittelalterliches Stadtbild, rote Ziegeldächer und geschäftiges Treiben im Stadtkern zeichnen die mittelfränkische Metropole aus. Jedoch gibt es im Umfeld Nürnbergs viele versteckte Ecken, die sich erst auf den zweiten Blick offenbaren: Romantische Flusstäler, sanfte Jurahügel, tiefe Wälder, eine kleinteilige Weiherlandschaft oder Seen, deren Uferstrände das Mittelmeer nach Franken holen. Neben den Schönheiten der Natur locken vielfältige Ausflugsziele und historische Stätten.

Auf 21½ Touren erkunden wir die Gegend nicht nur auf bekannten – ja sogar länderübergreifenden Radwegen – sondern auch auf versteckten, kaum beachteten Pfaden. Unterwegs gibt es viele Orte, die zum Verweilen einladen: von der schattigen Bank am Limesradweg bis zum gemütlichen Biergarten am Brombachsee.

Manche Touren sind anspruchsvoller, andere radeln sich quasi von selbst. Der eine oder andere Feierabendride kann durchaus auch zu einer gemütlichen Tagestour ausgedehnt werden. Auch radelfreudigen Kids bereiten diese Ausflüge ein ganz besonderes Vergnügen. Eines steht nämlich immer im Vordergrund: Der Genuss für die ganze Familie.

Spannende Rides und tolle Erlebnisse wünscht
Euch

INHALT

TOUREN

DEINE ORIENTIERUNG

APP & GPX-DOWNLOAD

Alle Touren in der KOMPASS App! Wir erklären dir, wie es geht: Einfach QR-Code scannen, oder Seite über den Link aufrufen, der Anleitung folgen und los geht's!

https://link.kompass.de/ukby7

GPX-Tracks zum Download:

Für das Navigationsgerät deiner Wahl haben wir alle Touren auch als GPX-Track auf unserer Homepage.

https://link.kompass.de/1ypmg

FEIERABEND-RIDES

RAUF AUFS RAD ZUM RUNTERKOMMEN

PITTORESKE LANDSCHAFT

Die Wacholderhänge bei Wonsees und das idyllische Kainachtal sind eine Augenweide und eignen sich perfekt zum Entspannen.

➤ **1 /** Am Marienplatz Hollfeld beginnt der abendliche Radlausflug

➤ **2 /** Eine Entdeckungsreise nach Neidenstein steht auf dem Programm

➤ **3 /** Unvermittelt, aber imposant erscheint die Burg in Wiesentfels

➤ **4 /** In Krögelstein schmiegt sich eine Burgruine an das Felsendorf

➤ **5 /** Schleichers Backstube in Wonsees leuchtet schon von weitem mit seiner strahlend blauen Fassade

➤ **6 /** Sanspareil ist ein Garten vor großartiger Naturkulisse

➤ **7 /** Unser Radweg teilt sich den Weg mit dem Kurat-Hollfelder-Gedächtnisweg

➤ **8 /** Die Terrassengärten in Hollfeld versprühen ein wahrhaft blumiges Ambiente

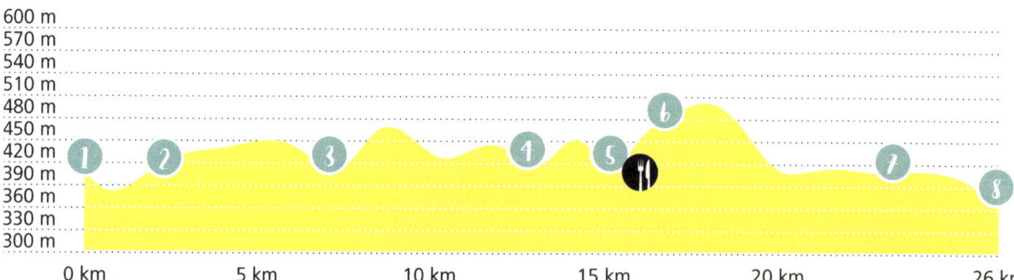

BURGEN & FLUSS

Abenteuerlich nach Wonsees, und romantisch zurück nach Hollfeld

Wer einen gemütlichen Feierabendride sucht – heute weit gefehlt. Geographisch bedingt geht's rauf und runter. Die erste Hälfte wird von allerlei Burgen gesäumt – verfallen und intakt. Abenteuerlich geht's auf den Waldwegen vor Krögelstein zu. Dafür ist die Rückfahrt durchs Kainachtal sehr entspannt.

26 Kilometer
290 Höhenmeter
290 Höhenmeter
2 Stunden
Rundtour

Übers Schlösschen auf die Felder

Wir starten am 1 / Marienplatz Hollfeld. Zunächst radeln wir erstmal gemütlich am kleinen Park entlang nach Norden. Durchs Obere Tor hindurch und dann stetig geradewegs hinab zur Kulmbacher Straße. Wir biegen rechts ein, schwenken aber gleich darauf wieder links. Dann rollern wir hinab, an den Supermärkten vorbei. An der B22 wiederholen wir unseren Rechts-Links-Schwenk und folgen dem Schild Richtung Weiher. Gleich nach dem Bach

CHARAKTER

Sportlich ●●●○○
Abkühlung ●●○○○
Schlemmen ●●●○○
Panorama ●●●●○

TOURENINFO / Die Tour ist eine handfeste Gravel-Bike Feierabendtour und man sollte sie nur mit einem Radl mit breiten Reifen machen und möglichst, wenn es ein paar Tage nicht geregnet hat. Der Waldweg zwischen Wiesentfels und Schnackenwöhr ist sonst eine einzige Matschpartie. Es gibt ein paar knackige Anstiege!

< links / Im Kainachtal zeigt sich die Fränkische Schweiz von ihrer idyllischsten Seite

geht's rechts auf schmalem Teerweg Richtung Wiesentfels und dann in einem Linksbogen um Schloss Weiher herum. Jetzt geht's mit kräftigem Pedaletreten direkt in den Wald hinein und in ein paar Minuten bergauf, dann lichtet sich der Wald. Kurz darauf erreichen wir eine Kreuzung mit einem Wegkreuz und einer Rastmöglichkeit.

Entdeckungstour zu den ersten Burgen

Aber fürs Rasten ist es wahrlich noch zu früh, und so setzten wir unseren Weg geradeaus über den Schotterweg fort. Wir passieren am Ortsrand von 2 / Neidenstein ein paar Häuser, dann geht's wieder in den Wald. Wir radeln zehn Minuten über einen Forstweg, dann schwenken wir am Ende des Weges rechts und gleich wieder links. An Feldern und einer Flur entlang mündet der Weg recht schnell in einen Flurweg. Wir sausen am Waldrand entlang hinab, an der Scheune halten wir uns links. Dann geht's schnurgeradeaus wieder in den lichten Wald hinein. Beim Waldaustritt schwenkt die Route nach rechts und wieder am Waldrand mit herrlichen Kiefern entlang. An der nächsten Kreuzung biegen wir links ab und folgen dem Flurweg nach Wiesentfels. Der Weg scheint ins Unendliche zu führen. Irgendwann neigt er sich aber doch dem Ende zu: Es geht abwärts, bald auf ein asphaltiertes Weglein und an seinem Ende um eine Rechtskurve nach 3 / Wiesentfels. Sobald wir den ersten Blick auf die Burg erhaschen, schwenken wir rechts, vor zur B 22.

GUT VERSTECKT

Die Reste der Ruine 2 / Neidenstein entdeckst du im gleichnamigen Ort. Die 10 m hohe Ruine des dreigeschossigen Palais erzählten eine bewegte Geschichte.

Abenteuer Waldweg…

Wir überqueren sie schräg nach rechts und folgen einem schmalen Sträßlein, das durch ein Wohngebiet ansteigt. Jetzt wird's knackig; wer mit E-Bike unterwegs ist, kann sich freuen. Andernfalls heißt's treten… In der scharfen Linkskurve fahren wir geradeaus auf den

---

➤ rechts oben / Schloss Wiesentfels thront imposant über dem gleichnamigen Örtchen

40 M

Hoch ragt Schloss 3 / Wiesentfels über dem gleichnamigen Dorf empor. Schon von weitem leuchten der dicke Turm mit Spitzdach und die Giebel des Haupt- und Nebengebäudes hervor. Von Pfingsten bis Ende September kannst du das verwinkelte Schloss jeden Sonntag von 14-15 Uhr bei einer Führung erkunden.

WACHOLDERHEIDE,

eine typische Landschaft der nördlichen Frankenalb, ist leider sehr selten geworden. Um ihre Verbuschung zu verhindern, wird sie mit Schafen beweidet.

Flurweg, nochmal kurz bergan. Dann geht's etwas gemütlicher am lichten Wald entlang. Wieder im Wald leitet uns das Radschild an einer Gabel rechts. Achtung, die nächsten zwei Kilometer werden ganz schön holprig. Hier merkt man deutlich, dass der Wald gut bewirtschaftet wird – Harvesters und anderes schweres Gerät haben ihre Spuren auf den Waldwegen hinterlassen. Tapfer halten wir uns geradeaus auf dem erdigen und aufgewühlten Forstweg. Der Wald wird lichter, die Route macht eine Rechtskurve. Jetzt wird's nochmal steil, aber zum Glück können wir uns über ein paar Asphaltfetzen nach oben hangeln. Dann geht's gemütlich am Wald entlang zur St 2191.

Über die nächste Ruine ins Wacholdertal

Wir überqueren die Staatsstraße und knicken sogleich scharf nach links, einen asphaltierten Weg hinauf. Dann geht's recht gemütlich rechtshaltend weiter über die Felder und Wiesen nach Schnacken-

wöhr. An der BT 39 biegen wir links ab und radeln über eine 180° Kurve auf der Hauptstraße direkt nach 4 / Krögelstein hinein. Wir überqueren den Kaiserbach und radeln an einer Felsformation vorbei und wieder aus dem Ort hinaus. Die Landstraße begleitet uns geradewegs, bald stetig, aber nicht sehr steil bergan nach Wonsees. Es gibt zwar keinen extra Radweg, aber die Straße ist nicht so arg befahren. Auf der Höhe weiter an Feldern entlang – man sollte es kaum meinen, hier summt's und brummt's und zwitschert es nur so im Frühjahr! In Wonsees zieht ein tiefblaues Haus unserer Aufmerksamkeit auf sich – in 5 / Schleichers Backstube gibt es leckere selbstgemachte Kuchen und einen Kaffee.

Burg Zwernitz und ein ganz besonderer Garten

Frisch gestärkt machen wir uns an den Berg nach 6 / Sanspareil hinauf – die Schilder weisen uns dafür schon in der Ortsmitte den Weg. Auf der Straße fahren wir aber lange und steil bergan – hier muss man ohne E-Bike schon einige Male kräftig treten. Es lohnt sich aber, die Burg Zwernitz oben auf der Höhe ist ein toller Anblick. Direkt daneben bezaubert der romantische Felsengarten mit

KM 16,7

„Ah, c'est sans pareil" – soll eine Hofdame des Bayreuther Markgrafen 1746 beim Anblick des Felsengartens 6 / Sanspareil ausgerufen haben. Ein Augenschmaus „ohnegleichen" ist er fürwahr und gilt auch als schönster Garten Deutschlands.

< links / Auch bei Gewitterstimmung ist die Burg Zwernitz ein Blickfang
^ oben / Verdiente Pause an der Kainach

ADALBERT HOLLFELDER

war geistlicher Rat und hat sich als Priester, Heimatforscher und Denkmalschützer verdient gemacht. Ihm wurde der gleichnamige Erlebnisweg gewidmet.

ganz besonderen Formationen. Direkt unterhalb der Burg führt ein Sträßlein nach Süden. Es mündet rechts schnell in einen Flurweg. Nach wenigen Minuten schwenkt die Route nach rechts und macht gleich darauf einen Linksbogen. Wiederum einige Minuten später knicken wir an einer T-Kreuzung scharf nach rechts und rollen gemütlich nach Wonsees zurück.

Durchs Schwalbach- und Kainachtal zurück

Wir radeln jetzt erstmal an der Staatsstraße entlang weiter. Es gibt keinen Radweg, aber auf der Straße ist nicht so viel Betrieb. Immer wieder schweift unser Blick nach links, zu den herrlichen Wacholderhängen von Wonsees. Aber auch die Schwalbach ist eine Augenweide, wie sie sich verschlängelt ihren Weg durch die Wiesen sucht. In Kainach biegen wir gegenüber der Bushaltestelle links ab. Der BT 1 weist uns Richtung Hollfeld aus dem Ort hinaus bis zu einer Gabelung am Waldrand. Hier schickt uns der Wegweiser „Kleinziegenfeldertalradweg" (der zugleich der 7 / Kurat-Hollfelder-Gedächtnisweg ist), nach rechts. Ein herrlicher Radweg leitet uns jetzt durchs Kainachtal. Zuletzt passieren wir das Freibad von Hollfeld und stoßen direkt auf die B 22. Wir wenden uns nach rechts und radeln vor zum Ortskern. Ein Schwenk nach rechts und über den Steinweg – Achtung, hier wird es nochmal kurz steil – hinauf zur Kirche. Am kleinen Park rechts sollte man die 8 / Terrassengärten von Hollfeld auf keinen Fall verpassen! Der Garten hat zwar zu jeder Jahreszeit (außer im Winter) etwas zu bieten, aber gerade im Frühling ist er eine duftende bunte Oase. In den Gärten findet man seltene und besondere Pflanzen, neben mehreren heimischen Orchideen der Fränkischen Schweiz zum Beispiel den Brennenden Busch, auch winterharte Feigen und Kakteen. Nach diesem Oasenbesuch kehren wir zurück zum 1 / Marienplatz Hollfeld.

600 M²

umfassen die 8 / Terrassengärten in Hollfeld. Unterhalb der mittelalterlichen Stadtmauern liegen in südlicher Steillage Gärten mit Pflanzen, die trocken-heißes Klima lieben. Mit winterharten Feigen, Kakteen & Co weht ein mediterraner Charme durch die Stadt.

Großenhül
Burg Zwernitz
Eichenhüll
BA 11
Krögelstein
Wonsees
Schwalbach
Wacholderhänge bei Wonsees
St 2189
Gelbsreuth
Naturpark Fränkische Schweiz - Frankenjura
Freienfels
Wiesentfelser Mühle
Wiesent
Loch
Kainach
Wiesentfels
Neidenstein
Weiher
400
START-ZIEL
Hollfeld
Bahnhofstraße
Drosendorfer Straße
2 km
Tour 1
START / ZIEL
Marienplatz Hollfeld
HINKOMMEN
Auto / Parkplatz, Marienplatz 18, 96142 Hollfeld
➤ 1 / Hollfeld Marienplatz
➤ 2 / Neidenstein
➤ 3 / Wiesentfels ➤ 4 / Krögelstein ➤ 5 / Schleichers Backstube
➤ 6 / Sanspareil ➤ 7 / Kurat-Hollfelder-Gedächtnisweg ➤ 8 / Terrassengärten

BELOHNUNG ZUM SCHLUSS

Trotz des schlauchenden Anstieges freue ich mich am Ende der Tour auf eine tolle Rast im edlen Schlossambiente von Atzelsberg.

➤ **1 /** Am Bahnhof Erlangen starten wir unsere heutige Feierabend-Tour

➤ **2 /** Der Röthelheimer Park ist ein grünes Schatzkästchen

➤ **3 /** Die Indianerschlucht ist ein Entdeckerparadies nicht nur für Kids

➤ **4 /** Der Jakobus Radpilgerweg durchstreift zahlreiche Gebiete Bayerns

➤ **5 /** Die Gabermühle ist heute ein schönes Baudenkmal

➤ **6 /** Neunkirchen a. Brand glänzt mit seinen Fachwerkhäusern

➤ **7 /** Die Tongrube Marloffstein: Ein Eldorado für Erholungssuchende

➤ **8 /** Schloss Atzelsberg ist Restaurant und beliebter Ort für große Feiern

➤ **9 /** Der Meilwald schmiegt sich direkt an die Hänge des Rathsbergs

➤ **10 /** Im Schlossgarten besuchen wir zum Ende den Botanischen Garten

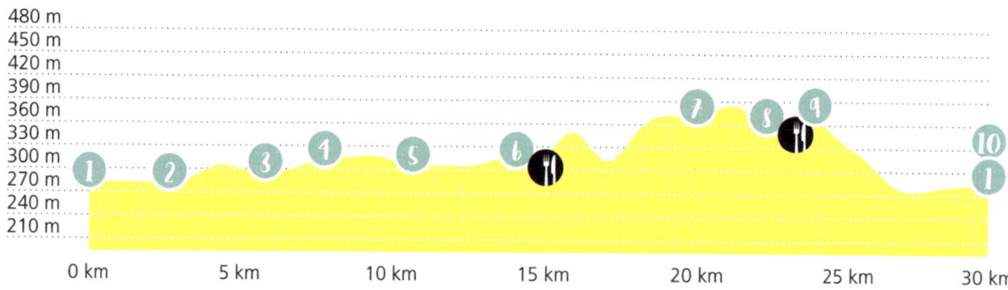

UM DIE „BIERSTADT“

Radfahrerparadies Erlangen mit Schloss-Einkehr

In Sachen Radwege macht Erlangen niemand so schnell was vor: Hoch auf dem Drahtesel fühlt man sich hier wie im siebten Radfahrerhimmel. Schöne Wege, perfekt ausgeschildert. Was will das Radlherz mehr…?

30 Kilometer
320 Höhenmeter
320 Höhenmeter
2:30 Stunden
Rundtour

Perfekt beschildert durch Erlangen

Wir starten am Großparkplatz direkt hinter dem 1 / Bahnhof Erlangen. Wir schieben unser Rad durch die Unterführung unter den Gleisen und auf der anderen Seite hinauf zum Bahnhofsplatz. Schnurgerade geht's nun über den belebten Platz hinüber, direkt über den Hugenottenplatz und in die Unistraße. Nach ein paar hundert Metern biegen wir rechts in die Fahrstraße Richtung Buchenhof ein. Wir passieren das Palais Winkler von Mohrenfels und radeln bis zur Hofmannstraße geradeaus. Ein Schwenk nach links, dann wieder lange geradeaus. Im Folgenden

CHARAKTER

Sportlich ●●○○○
Abkühlung ●○○○○
Schlemmen ●●○○○
Panorama ●●●○○

TOURENINFO / Von Erlangen leitet uns ein super Radwegenetz aus der Stadt hinaus. Ein gut geschotterter Weg bringt uns durch den Wald nach Dormit. Über Sträßchen und Radwege steigen wir nach Neunkirchen auf die Marloffsteiner Höhe und Schloss Atzelsberg an. Über teils steile Waldwege geht's hinab nach Erlangen.

< links / Die Runde ist geprägt von herrlichen Höhenblicken

kreuzen wir mehrere große Querstraßen, bis wir nach einigen Minuten nach rechts in den 2 / Röthelheimer Park einbiegen. An der letzten Möglichkeit kurz vor Ende des Parks schwenken wir nach links, durchs Wohngebiet und geradeaus über einen Kreisel.

Graveltraum durch den Buckenhofer Forst

Kurz hinter dem Kreisel treffen wir auf eine Gabelung mit Wegschildern. Wir halten uns links und fahren ab jetzt auf einem fein geschotterten Waldweg. Gleich an der nächsten Gabelung geht's direkt geradeaus weiter auf den Buckenhofer Forstweg. Nach einem km kreuzen wir eine Straße am Parkplatz Seebalder Reichswald. Hier richten wir uns nach dem Radschild Richtung Uttenreuth, weiter geradeaus. Wir radeln am Ortsrand von Buckenhof entlang und am Friedhof vorbei. Kurz darauf kommen wir an einen netten kleinen Rastplatz. Der Ort trägt nicht umsonst den klangvollen Namen 3 / Indianerschlucht. Im schluchtartigen, verwurzelten Gelände wären zu anderen Zeiten sicherlich Indianer auf der Lauer gelegen. Für uns geht's weiter auf dem Hauptweg durch den Wald. Wir passieren alsbald einen Gedenkstein für den ehemaligen Revierförster Ludwig Zündt und an der weiten Freifläche einen neu bepflanzten Energiewald. Neben dem eh schon gut ausgebauten Radwegenetz rund um Erlangen gesellt sich auf dieser Strecke auch der 4 / Jakobus Radpilgerweg zu uns. Kurz darauf queren wir ein Sträßlein und stehen nach einem kurzen Linksschwenk an der St 2243.

VERWUNSCHENER RASTPLATZ

Die 3 / Indianerschlucht mutet wie ein verzauberter Platz an mit ihrem knorrigen Wurzelwerk, das sich tief in die Schlucht hinein gräbt.

Besuch bei einem kulturellen Schatzkästchen

Nachdem wir die Staatsstraße gequert haben, begleiten wir die Landstraße ein Stück Richtung Osten. Nach fünf Minuten biegen wir kurz vor der Zufahrtsstraße zur 5 / Gabermühle unbeschildert

---

➤ rechts oben / Vom Radweg bietet sich ein schöner Blick über die Marloffstiner Tongrube

4500 KM

beschilderte Radrouten umfasst mittlerweile das Netz des 4 / Jakobus Radpilgerweges. Im Jahr 2015 wurde die Idee geboren, auf den Wegen von Martin Luther mit dem Rad zu „wandeln“. Die Wegführung konzentriert sich dabei auf stille und verkehrsarme Wege und bietet eine schöne Alternative zum Fußpilgern.

KULTUR PUR

bietet 6 / Neunkirchen am Brand: Die stattliche Pfarrkirche birgt reiche Kunstschätze, Amts- & Rathaus mit Wappen von 1444 sind barocke Kleinode der Stadt.

links ein, queren den Schwabach und fahren an Sportplätzen vorbei nach Dormitz hinein. Wir radeln über die Nepomukbrücke und schwenken an der Hauptstraße nach rechts Richtung Neunkirchen am Brand. Rasch können wir auf einen Radweg wechseln, der uns unter einer Unterführung hindurchleitet und wenig später in die Erlanger Straße mündet. Kurz darauf geht's nach links durchs Stadttor hindurch und ins Zentrum von 6 / Neunkirchen am Brand. Neben einigen tollen Einkehrmöglichkeiten hat das Städtchen auch sehr schöne, vor allem mittelalterliche Sehenswürdigkeiten zu bieten. Untermalt wird dieser Eindruck durch die geschlossene Bauweise mit schönen Fachwerkhäusern, die noch gut erhaltenen vier Torhäuser und Teile der alten Stadtmauer.

Aussichtsreich über die Höhen

Wir verlassen die Ortsmitte an der Vorfahrtsstraße nach links und achten gute zweihundert Meter später auf eine Straße, die scharf

nach links einbiegt. Ein Straßenschild zeigt bereits unser nächstes Ziel an: Wir fahren nach Rosenbach. Dafür folgen wir der ruhigen Straße bald an Wiesen und Wäldern vorbei, über eine kleine Anhöhe und schließlich in das kleine Kirchendorf Rosenbach. Im Ort halten wir uns rechts. Die Straße steigt schnell wieder an. Auf der Höhe kurz vor Marloffstein bietet sich uns dann ein wunderbarer Blick. Hier wird die Route von Kirschbäumen gesäumt und im Sommer leuchtet es hier in den schönsten Rottönen. Kurz nach Ortsbeginn radeln wir die erste Möglichkeit rechts noch ein Stück hinauf. Die Ringstraße biegt nach links, kurz darauf verlassen wir sie nach rechts über einen Feldweg. Am Wasserturm fahren wir wieder vor zur Straße, queren sie und folgen dem Weglein kurz am Buschwerk entlang bis zum Parkplatz. Hier folgen wir dem Feldweg an der 7 / Tongrube Marloffstein vorbei. Er steigt kurz an, dann leitet er uns herrlich über die Höhen bis zu einem hübschen Rastplatz, an dem auch ein Parkplatz angeschlossen ist. An schönen Tagen kann man hier bis nach Nürnberg sehen.

KM 20

Die 7 / Tongrube Marloffstein ist ein ehemaliges Tongrabwerk. Der Boden besteht aus schlammigem, tonhaltigem Matsch. In der stillgelegten Grube kannst du hie und da sogar ein paar Fossilien entdecken. Langfristig soll jedoch hier ein Biotop entstehen.

< links / Die schönen Wälder um Erlangen begleiten uns im ersten und auch letzten Abschnitt der Tour ^ oben / Der abendliche Besuch des Schlossgarten rundet die Tour ab

GESCHENK HEINRICH II.

Besagter übertrug jeweils ein Meilenquadrat nördlich und südlich der Schwabach dem Stift St. Haug in Würzburg, daher der Name 9 / Meilwald.

Eleganter Einkehrschwung nach Atzelsberg

Gleich hinter den Rastbänken queren wir die Straße und fahren kurz darauf in den schönen, schattigen Wald hinein. Ein Schwenk nach rechts und fünfhundert Meter später stehen wir am 8 / Schloss Atzelsberg. Das kleine Schlösschen erwartet uns mit einer gemütlichen Atmosphäre im pittoresken, sehr gepflegten Schlossgarten. Auch wenn wir nicht einkehren, hat sich der Weg gelohnt. Die Umgebung und das Ambiente sind auch ein Genuss für die übrigen Sinne. Direkt neben dem Schlossparkplatz befindet sich am Ortseingang eine Streuobstwiese mit interessantem Lehrpfad.

7,5 HA

umfasst der Erlanger 10 / Schlossgarten, eine der frühesten barocken Gartenanlagen Frankens. In seiner Mitte befindet sich der imposante Hugenottenbrunnen. Die östliche Gartenanlage wurde zwischen 1786 und 1826 in einen englischen Landschaftsgarten umgewandelt.

Durch den Meilwald ins Schwabachtal

Weiter geht die Fahrt, zurück zur Kreuzung und dann nach rechts gelenkt. An der Gabelung schwenken wir nach links und fahren mit herrlichen Blicken hinab zum Wald. Geradewegs geht's nun in den kühlen 9 / Meilwald hinab. Achtung, hier sollten wir ein wenig langsam fahren. Der Waldweg ist an einigen Stellen recht steil. Wir bleiben bis zur Dreieckskreuzung auf dem Hauptweg. Dort halten wir uns links. Langsam rollen wir noch einen guten Kilometer hinab, dann biegen wir 90° nach links ein. Schnurgerade führt der Weg noch immer hinunter, über die Spardorfer Straße und nochmals ein paar Minuten durch den Wald bis zur Ebrardstraße am Ortsrand von Erlangen. Die Route leitet uns geradewegs in die Schleifmühlstraße, an der ehemaligen Schleifmühle vorbei. Noch vor der Brücke schwenken wir nach rechts und begleiten den Lauf der Schwabach bis zur nächsten Brücke. Sie überqueren wir und setzen unseren Weg auf der anderen Seite des Flusses fort. Der Weg endet an der Hauptstraße, die uns zurück ins Zentrum bringt. Nach einem kurzen Abstecher zum 10 / Schlossgarten rollen wir gemütlich zurück zum 1 / Bahnhof Erlangen.

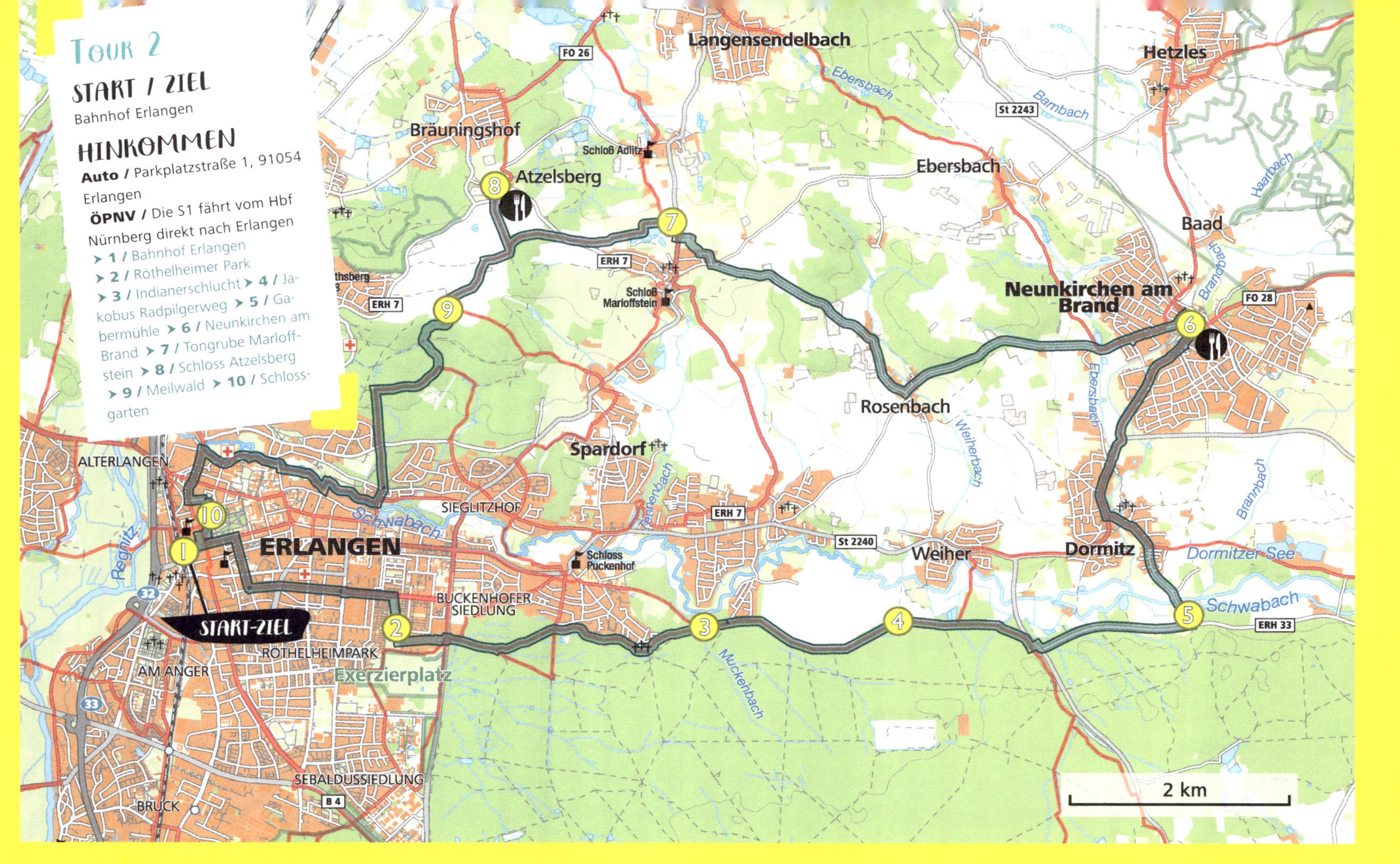

Tour 2

Start / Ziel

Bahnhof Erlangen

Hinkommen

Auto / Parkplatzstraße 1, 91054 Erlangen

ÖPNV / Die S1 fährt vom Hbf Nürnberg direkt nach Erlangen

> **1** / Bahnhof Erlangen > **2** / Röthelheimer Park > **3** / Indianerschlucht > **4** / Jakobus Radpilgerweg > **5** / Gabermühle > **6** / Neunkirchen am Brand > **7** / Tongrube Marloffstein > **8** / Schloss Atzelsberg > **9** / Meilwald > **10** / Schlossgarten

BURGENRO-MANTIK

Cadolzburg ist der Höhepunkt dieser Tour. Für mich ist es ein wahrer Genuss, mit einem Eis durch die mittelalterlichen Gassen zu schlendern.

> **1 /** Klein und gemütlich bietet der Marktplatz Zirndorf für jeden etwas

> **2 /** Das Eishäuschen wartet mit Softeis auf Schleckermäuler

> **3 /** Die Früchte auf dem Haskap-Beeren-Feld stammen aus Sibirien

> **4 /** An der Lastenrad Station kann man über eine App ein Lastenrad leihen

> **5 /** Vom Aussichtsturm Cadolzburg haben wir einen fantastischen Blick bis nach Nürnberg

> **6 /** Die Cadolzburg gehörte einst zu den wichtigsten Residenzen der Hohenzollern

> **7 /** Der Fürther Stadtwald ist die grüne Lunge der Stadt Fürth

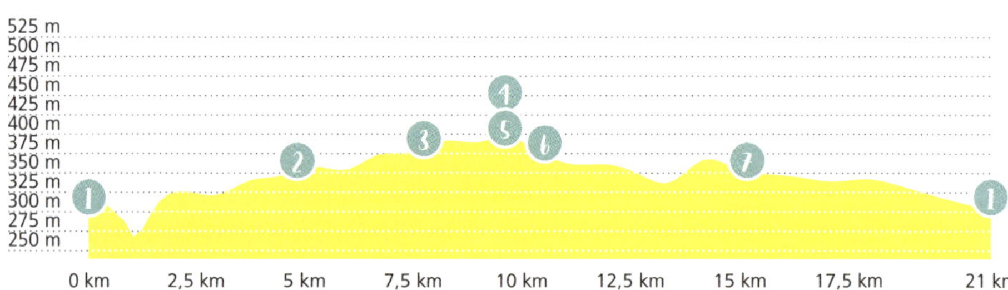

AUF ZUR FESTE!

Durchs Playmobilland nach Cadolzburg

Zu Beginn radeln wir in Begleitung der Straße aus Zirndorf hinaus, bis uns ein toller Gravelabschnitt – mit Weitblicken bis nach Nürnberg – ins pittoreske Cadolzburg leitet. Zurück geht's durch den weitläufigen Fürther Stadtwald.

21 Kilometer
190 Höhenmeter
190 Höhenmeter
1:45 Stunden
Rundtour

Einsam nach Bronnamberg

Unser nicht ganz alltäglicher Feierabendride beginnt am 1 / Marktplatz Zirndorf. Wir richten uns nach Westen aus und biegen sogleich in die Spitalstraße ein. Ein Radschild zeigt uns den Weg Richtung Leichendorf. Vorbei am Städtischen Museum queren wir kurz darauf die Mühlstraße schräg nach rechts, um der Schwabacher Straße allmählich aus dem Wohngebiet hinaus zu folgen. Dafür nutzen wir den bequemen Radweg auf der linken Straßenseite, der uns direkt neben der Straße entlang lei-

CHARAKTER

Sportlich ●●○○○
Abkühlung ●○○○○
Schlemmen ●●○○○
Panorama ●●●○○

TOURENINFO / Von Zirndorf aus bringen uns Radwege und kleine Straßen durchs Wohgebiet auf die Felder. Über einen schönen Schotterweg erreichen wir dann Cadolzburg. Der Rückweg verläuft auf Waldwegen und kurz auch mal einem schmalen Pfad. Das letzte Stück geht's auf einem Radweg zurück nach Zirndorf.

◂ links / Majestätisch thront die Cadolzburg am Rande der Stadt

tet. Kurz nach dem Sportgelände des ASV Zirndorf zu unserer Linken achten wir auf ein Radschild, das uns den Weg nach rechts über die Straße Richtung Cadolzburg weist. Wir folgen dem Radweg kurz ansteigend zu einem weiteren, gut ausgebauten Radweg an der Straße entlang. Über den ersten Kreisverkehr geht's geradeaus hinüber, am zweiten schwenken wir nach links. Fünfhundert Meter später zweigt nach links eine Straße ab. Auch an ihrer Seite führt ein Radweg entlang. Unbeschildert radeln wir nun einige Minuten bergan, bis wir den Ortsrand von Bronnamberg erreicht haben.

Gravelschnellweg nach Cadolzburg

Ohne Radschildbegleitung biegen wir nach den ersten 150 Metern kurz vor dem 2 / Eishäuschen rechts auf Am Brünnfeld ein. Wir radeln ein paar hundert Meter durch das Wohngebiet und machen an seinem Ende mit der Straße eine kleine Linkskurve. Dann biegen wir am Ende der Straße rechts ab und stoßen recht schnell auf einen Feldweg am Ortsrand. Es geht durch ein kleines Wäldchen, vorbei am Fußballplatz von Bronnamberg und in angenehmem Auf und Ab hinaus auf die Felder. Die nächste viertel Stunde radeln wir nun stetig geradeaus, über einen hervorragend zu fahrenden Feldweg. In dieser Zeit queren wir zwei Kreuzungen, dann gelangen wir an ein Feld mit einer großen Hinweistafel: Wir stehen an einem 3 / Haskap-Beeren-Feld. Nachdem wir wieder ein wenig schlauer sind – zumindest was die Beerenwelt anbelangt – setzen wir unseren Weg fort. Die Gravel Strecke ist ein wahres Vergnügen und bei klarem Wetter erhaschen wir immer wieder bei einem kurzen Blick zurück tolle Fernblicke auf Nürnberg. Nach einem kurzen Abschnitt am Waldrand entlang überqueren wir eine Straße. Dann leitet uns unsere Gravelstrecke mit einem Schwenk nach links ins Burgstädtchen hinein.

EIER ODER EIS?

In Bronnamberg erwartet uns nicht nur ein 2 / Eishäuschen mit feinem Softeis. Ein paar Meter weiter gibt's in einem Holzhäuschen Eier, Honig & Nudeln.

➤ rechts oben / Der Aussichtsturm wurde 1893 erbaut

KM 7,7

Seit einigen Jahren hält ein neues Superfood in Deutschland Einzug. Auf dem 3 / Haskap-Beeren-Feld wachsen die kleinen blauen Früchtchen. Die auch als „Blaue Heckenkirsche" bekannte süß-herbe Beere ist reich an Vitamin C und Eisen und schmeckt wie eine Mischung aus verschiedenen Beerensorten.

wird der 5 / Aussichtsturm Cadolzburg liebevoll von den Einheimischen genannt. 143 Stufen führen auf sein Haupt. Die aussichtsreiche Belohnung ist überwältigend.

Durchs mittelalterliche Cadolzburg

Nach dem langen, doch manchmal etwas holprigen Schotterweg fahren wir jetzt wie auf Wolken auf der geteerten Straße. Nach den ersten Wohnhäusern erblicken wir zu unserer Linken einen offenen Holzpavillon. Es ist eine 4 / Lastenrad Station. Wir benötigen zwar momentan kein Lastenrad, aber gut zu wissen, dass es so etwas jetzt auch gibt. An der nächsten Dreieckskreuzung biegen wir links ein und fahren ein paar Meter bergauf bis zum 5 / Aussichtsturm Cadolzburg. Er winkt schon von weitem. Es lohnt sich, seine Aussichtsplattform zu erklimmen. Von oben haben wir einen fantastischen Blick über die Stadt und weit ins Umland. Wir radeln zur Kreuzung zurück und biegen wieder nach links ab, um Richtung Altstadt hinabzusausen. Wir queren die Hindenburgstraße und rollen durchs Stadttor hindurch und über eine holprige, kopfsteingepflasterte Straße in den Ortskern, der uns mit seinem alten Fachwerk und hübschen Rosenstöcken empfängt.

Residenz von Burg- und Markgrafen

Die malerische Marktgemeinde liegt inmitten des Rangaus und kann auf eine über 850-jährige Geschichte zurückblicken. Der Ort war seit jeher Residenz der Burggrafen von Nürnberg und der zollerischen Markgrafen zu Brandenburg. Diese abwechslungsreiche Geschichte spiegelt sich in vielen historischen Gebäuden wider. In der Mitte des 13. Jahrhunderts gelangte 6 / Cadolzburg in den Besitz der hohenzollerschen Burggrafen zu Nürnberg. Aus dieser Zeit stammen die ältesten uns bekannten Steinbauten der Burg. Nach einem Konflikt mit der Stadt Nürnberg wurde Cadolzburg im 14./15. Jahrhundert zu ihrem herrschaftlichen Zentrum. Nach Aufgabe der Hofhaltung blieb die Burg bis zum Ende des 18. Jahrhunderts ein wichtiges Verwaltungszentrum des Markgrafentums Brandenburg-Ansbach. Heute befindet sich die Ausstellung „HerrschaftsZeiten! Erlebnis Cadolzburg" in den Räumlichkeiten der Burg.

KM 9,6

Es ist der neueste Schrei in Cadolzburg: Die 4 / Lastenrad Station kannst du 24 Stunden 7 Tage die Woche nutzen. Gefördert wird das Modellprojekt vom Bayerischen Verkehrsministerium. Da kann dem Großeinkauf nichts mehr im Wege stehen.

‹ links / Der Fürther Stadtwald ist nicht nur die grüne Lunge von Fürth
^ oben / Playmobilmännchen sind in Zirndorf überrepräsentiert

FÜRTH'S GRÜNE LUNGE

Auf über 550 Hektar erstreckt sich das Naturschutz- und Naherholungsgebiet 7 / Fürther Stadtwald. Ein Platz zum Durchatmen nicht nur für uns.

Im Bannwald der Stadt Fürth

Nachdem wir das hübsche Städtchen ausgiebig genossen haben, machen wir uns auf den Heimweg. Dafür fahren wir von der Burg wieder ein Stück Richtung Ortsmitte, um dann rechts über den Schuhberg hinabzuradeln. Dann führt uns die Burgstraße nach rechts unter dem Burghof hindurch. Wir beachten die Radschilder vorerst nicht und suchen uns wieder unseren eigenen Weg. Er führt uns nur wenig später in die Kraftsteinstraße. Sie leitet uns in wenigen Minuten über die Nürnberger Straße hinüber und mündet in die Bahnhofstraße. Gemütlich rollen wir stets geradeaus bis an den Ortsrand von Egersdorf. Hier schwenken wir ein wenig nach rechts versetzt auf den Fuß- und Radweg. An seinem Ende halten wir uns links, an der Grundschule vorbei und an der Rangaustraße entlang. Nach wenigen hundert Metern überqueren wir die Straße nach rechts und folgen dem Schild „Rennweg nach Fürth" auf einen geschotterten Weg durchs Laubgehölz. Nach ein paar Minuten gabelt sich der Weg an einer Bank mit Holzschild. Hier halten wir uns links. Schließlich erreichen wir eine Kreuzung und schlagen einen schmalen Pfad nach rechts ein. Jetzt befinden wir uns mitten im 7 / Fürther Stadtwald.

KM 21

Unübersehbar prangt der Playmobilbrunnen auf dem 1 / Marktplatz Zirndorf. Aber nicht nur dort, im gesamten Stadtbild sind die 1 m großen Männchen präsent. Kein Wunder, in Zirndorf befindet sich der bei Jung und Alt beliebte Playmobil-Funpark.

An der Bahn zurück nach Zirndorf

Recht schnell mündet der Pfad wieder in einen Schotterweg. Dann queren wir eine Straße schräg nach links und fahren auf einem schmalen Waldweg bald stets geradeaus an den Bahngleisen entlang. Am Ortsrand von Zirndorf geht's auf einem Radweg weiter, bis wir kurz hinter der Haltestelle „Zirndorf Kneippanlage" scharf links knicken und über eine Brücke die Seite wechseln. Von hier sind es nur noch wenige hundert Meter bis zum Bahnhof, an dem wir nach rechts die Fürther Straße zurück zum 1 / Marktplatz Zirndorf nehmen.

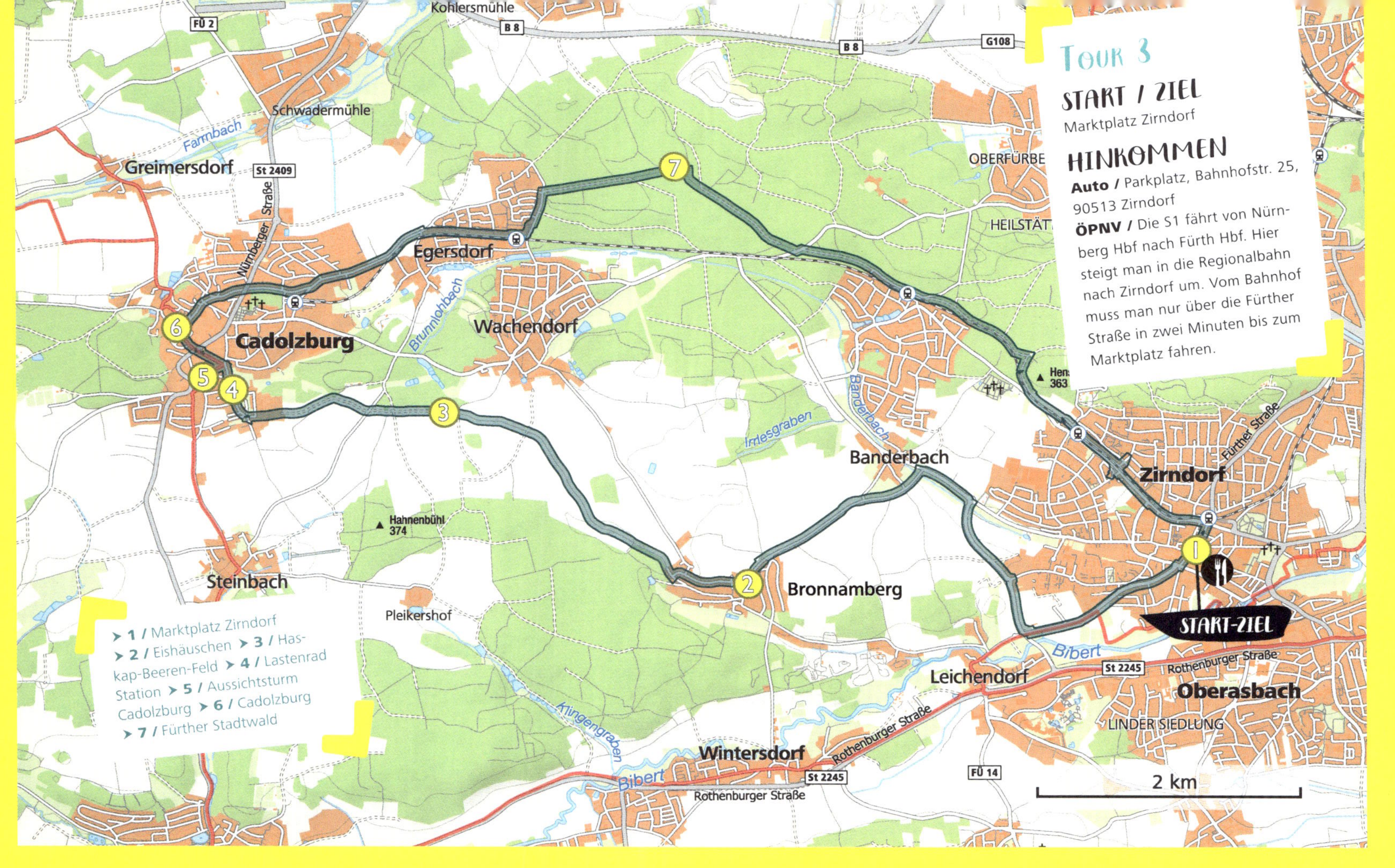

Tour 3

START / ZIEL

Marktplatz Zirndorf

HINKOMMEN

Auto / Parkplatz, Bahnhofstr. 25, 90513 Zirndorf

ÖPNV / Die S1 fährt von Nürnberg Hbf nach Fürth Hbf. Hier steigt man in die Regionalbahn nach Zirndorf um. Vom Bahnhof muss man nur über die Fürther Straße in zwei Minuten bis zum Marktplatz fahren.

➤ **1 /** Marktplatz Zirndorf ➤ **2 /** Eishäuschen ➤ **3 /** Haskap-Beeren-Feld ➤ **4 /** Lastenrad Station ➤ **5 /** Aussichtsturm Cadolzburg ➤ **6 /** Cadolzburg ➤ **7 /** Fürther Stadtwald

HEKTIK & EINSAMKEIT

An hektischen Tagen mit wenig Zeit bringt mich dieser Ausflug aus dem turbulenten Treiben der Stadt Stück für Stück in die ländliche Einsamkeit.

➤ **1 /** Der historische Marktplatz Lauf ist ein reizvoller Rahmen für ein buntes Allerlei

➤ **2 /** Die Pegnitzwiesen sind ein herrliches Naherholungsgebiet direkt vor den Toren der Stadt

➤ **3 /** An Sonn- und Feiertagen können wir einen Blick ins Stadtmuseum Conradtyhaus werfen

➤ **4 /** Schloss Schwaig war das herrschaftliche Wohnhaus eines ehemaligen Zeidelmuttergutes

➤ **5 /** Im Roten Löwen legen wir einen kurze Pause ein

➤ **6 /** Schloss Malmbsbach ist ein ehemaliges Wasserschloss mit sehr schöner Umfassungsmauer und Tor

➤ **7 /** Die Behringersdorfer Schlösser präsentieren sich gleich im Doppelpack

➤ **8 /** Am Schackenbrunnen befindet sich eine kleine, aber feine Waldrast

➤ **9 /** Das Wenzelschloss erhebt sich in imposantem Mauerkleid am Stadtrand von Lauf

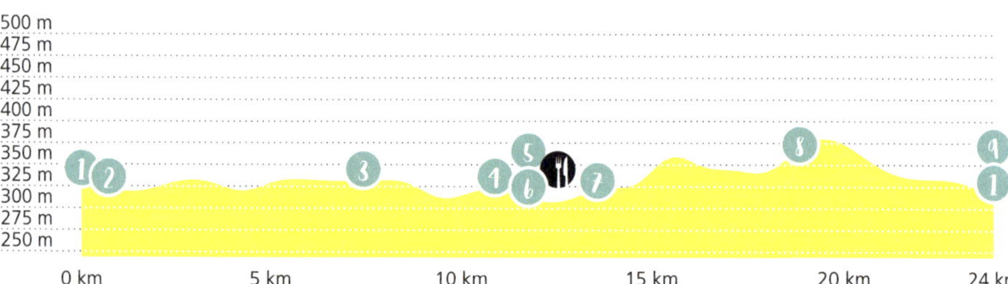

STADT, LAND – SCHLOSS!

Durchs Pegnitztal runter und wieder rauf

Unser Feierabendride bringt uns aus dem geschäftigen Kleinstadttreiben sukzessive über die Vororte auf's Land hinaus. Der Schlenker über die Pegnitzterrassen zu Beginn gibt uns einen Geschmack auf das, was uns zum Ende der Tour erwartet.

24 Kilometer
190 Höhenmeter
190 Höhenmeter
2 Stunden
Rundtour

Mit der Pegnitz ins Grüne

Der 1 / Marktplatz in Lauf ist ein herrlicher Ort zum Verweilen und Flanieren. Doch das heben wir uns für das Ende der Tour auf. So radeln wir erst einmal in nordöstlicher Richtung über den Marktplatz aus der Altstadt hinaus. Gleich nach dem ehemaligen Zollhaus radeln wir durchs Stadttor und schwenken rechts auf die Meißenbachstraße. Wir folgen ihr hundert Meter später nach links, über die St 2241 hinüber und mit der Nyköpinger Straße immer leicht rechts gehalten zum Stadtrand. Sogleich bringt uns ein schmales Weglein durch die 2 / Pegnitzwiesen. Am Spielplatz

CHARAKTER

Sportlich ●●○○○
Abkühlung ●○○○○
Schlemmen ●●○○○
Panorama ●●●○○

TOURENINFO / Durch die Pegnitzwiesen führt ein gut geschotterter schmaler Rad- und Fußweg. Durch das Pegnitztal flussabwärts fährt man auf Radwegen und wenig befahrenen Straßen. Zurück geht's auf Schotter- und Waldwegen durch den Behringersdorfer Forst.

◂ links / Blütenpracht vor Schloss Schwaig

fahren wir rechts über eine Brücke und folgen dem schwungvollen Lauf der Pegnitz bald in einer 180° Schleife wieder nach Westen. Wir halten uns ein paar Minuten eng am Ufer des Flüsschens, queren dann ein weiteres Mal die Staatsstraße und befahren nochmals kurz den Schotterweg.

Mutig durchs Straßenwirrwarr

Dann stehen wir zum dritten Mal an der St 2241. Sie leitet uns am Parkplatz Pegnitzwiese vorbei. Im Laufe des Weges tauchen immer wieder mal Radschilder auf. Dabei richten wir uns stets nach Röthenbach, unserem nächsten Ziel. Am Ende des Parkplatzes biegen wir links ab und folgen der Weigmannstraße und der Ottogasse in einem kleinen Rechtsbogen über wenig befahrenen Straßen und Wege zu einem langgezogenen Kreisverkehr. Wir nehmen den Rad- und Fußweg an der Ausfahrt Holzgartenstraße. Kurz darauf treffen wir an der St 2241 auf einen schönen Radweg, der uns nun endgültig aus dem – zugegebenermaßen etwas unübersichtlichen – Straßengewirr Laufs hinausbringt. Nach ca. 700 Metern mündet der Weg in die Röthenbacher Straße, die weiter stoisch dem Lauf der Staatsstraße folgt. Am Kreisel geht's noch geradeaus hinüber, dann biegen wir gleich nach dem Supermarkt links ab. Noch immer auf einem Rad- und Fußweg geht's an einem Wäldchen entlang, dann folgen wir dem Lauf der Straße um eine Rechtskurve.

BLEISTIFTMOGUL

Conrad Conradty gründete 1855 eine Bleistiftfabrik in Nürnberg. Weltbekannt wurde sein Unternehmen aber erst durch die „Noris"- und „Kronen"-Kohlestifte.

Über Röthenbach nach Speckschlag

Ab hier folgen wir dem Laufer Weg. Das Sträßlein führt uns bald an den Gleisen am Bahnhof Röthenbach-Seespitze und am 3 / Stadtmuseum Conradtyhaus vorbei. Kurz darauf erreichen wir den Bahnhof Röthenbach, an dem unserer Route nach rechts schwenkt.

➤ **rechts oben / Am Abend wird es ruhig in den Pegnitzauen**

KM 7,4

Das 3 / Stadtmuseum Conradtyhaus zeigt den Lebensalltag von Arbeiterfamilien in Röthenbach. Spannend ist dabei die enge Verknüpfung der sozialen sowie städtebaulichen Entwicklung des Ortes mit dem Familienunternehmen Conradty. Die Ausstellung befasst sich mit dem Familienleben eines Arbeiters um 1900.

SCHLOSSFESTE UND MEHR

Seit einer umfassenden Renovierung finden im 4 / Schloss Schwaig kulturelle Veranstaltungen statt. Höhepunkt ist das Schlossfest im Sommer.

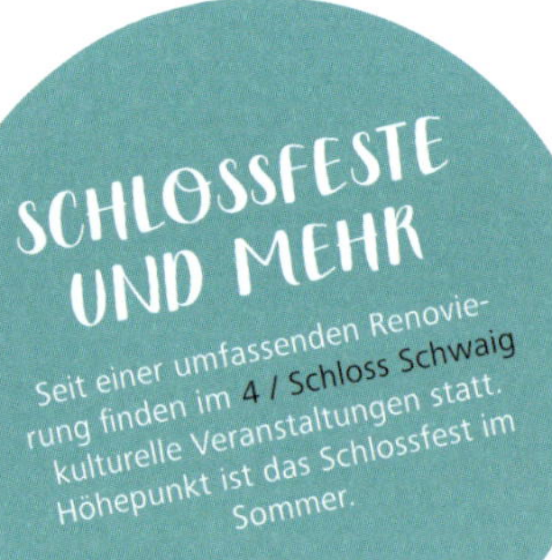

An der Bahnhofstraße biegen wir links ein, folgen jedoch gleich darauf der Speckschlagstraße leicht nach rechts. Über kleine Sträßchen folgen wir den Radschildern durchs Wohngebiet hindurch, zuletzt über den Mittelbügweg. Am Freibad Pegnitzaue und dem Sportplatz Pegnitztal geht's vorbei, in fließendem Übergang in den nächsten Ort.

Schlösser-Potpourri

An der großen Behringersdorfer Straße fahren wir geradeaus hinüber, in die schmale Parkstraße Richtung Malmsbach. Nach ein paar Metern machen wir einen Abstecher nach links, zum hübschen Schlossplatz mit Brunnen und dem 4 / Schloss Schwaig. An dem gemütlichen Platz laden ein paar Bänke zum Verweilen und Genießen ein. Dann machen wir uns auf den Weg zum nächsten Schlösschen. Dafür folgen wir der Parkstraße noch ein paar Meter, dann schi-

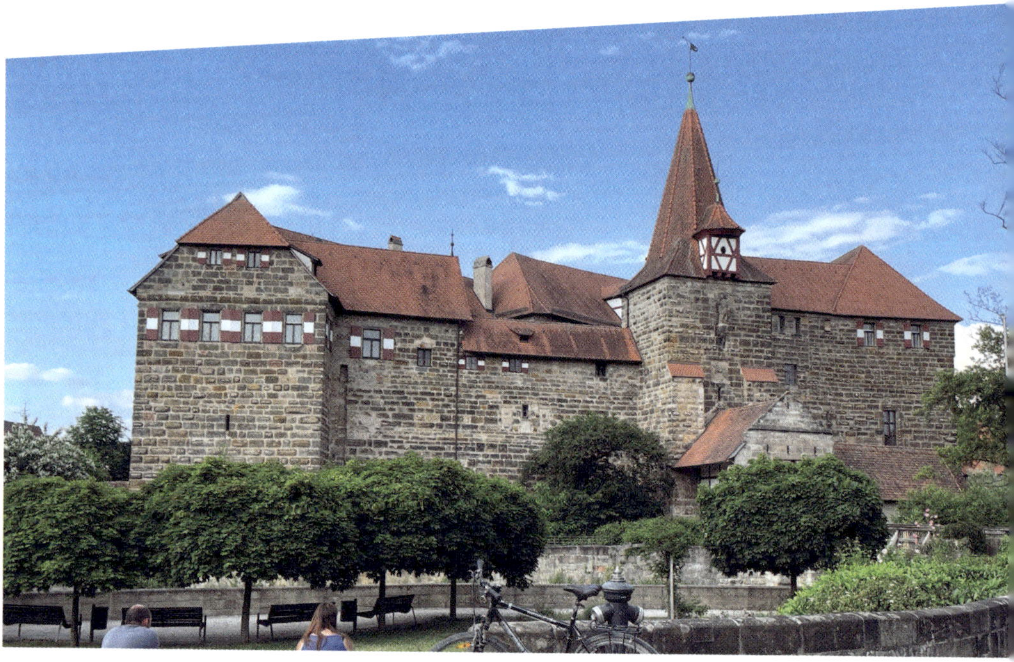

cken uns die Radschilder nach rechts in die Mustleitenstraße. Sie endet an einer Kreuzung, an der sich auch das Gasthaus 5 / Roter Löwe befindet. Hier verlassen wir die Radschilder und folgen dem Sträßlein nach rechts zum 6 / Schloss Malmsbach. Der Herrensitz befindet sich zwar in Privatbesitz, sehenswert sind die verbliebene Umfassungsmauer und das Tor allemal. Nach dem Schloss mündet die kleine Straße in einen Schotterweg. Wir überqueren die Pegnitz und halten uns gleich danach rechts. Ein herrlicher Weg führt uns jetzt zwischen Pegnitz und Wiesen dahin. Eigentlich befinden wir uns ja genau zwischen zwei Vororten von Lauf. Davon merken wir aber auf dieser herrlichen, naturnahen Strecke kaum etwas. Nach zehn Minuten stoßen wir wieder auf die Landstraße, die wir vor einer halben Stunde überquert haben. Wir folgen ihr mit dem Radweg nach links, nach Behringersdorf hinein und an den 7 / Behringersdorfer Schlössern vorbei.

KM 13,6

Wenn du genau hinschaust, kannst du bei den 7 / Behringersdörfer Schlössern gleich 2 Schlösser ausmachen: das Alte und das Neue Schloss. Beide Schlösser gehörten einst zur Tucherschen Herrschaft. Heute sind die Gebäude weitgehend vermietet.

Waldfahrt

Kurz nach den Schlössern stehen wir an der B 14. Wir queren sie geradeaus – ohne Radbeschilderung – und sausen unter den Bahngleisen hindurch. Über den folgenden Kreisverkehr geht's geradewegs hinüber und mit dem Straßenverlauf aus Behringersdorf hi-

< links / Mächtig präsentiert sich das Wenzelschloss ^ oben / Gemütlichkeit am Marktplatz Lauf

WALD-PICKNICKEN

Der 8 / Schackenbrunnen eignet sich prima als abendlicher Picknickplatz. An heißen Sommertagen kannst du im kühlen Wald deine Brotzeit genießen.

naus. Kurz nach Ortsende führt rechter Hand ein unscheinbarer, geschotterter und unmarkierter Weg in den Wald. Wir überlegen nicht lange und schwenken nach rechts. Jetzt geht's zwar auf einem ausgeschilderten Radweg durch den Wald, nur leider ist der Weg nur in eine Richtung beschildert. So folgen wir nun vorerst immer dem Hauptweg geradeaus. Nach 400 Metern geht's an einer Kreuzung geradeaus hinüber und leicht aufwärts. Der Weg macht kurz darauf eine sanfte Rechtskurve, ein paar Minuten später stehen wir erneut an einer Kreuzung. Wir biegen rechts ein und fahren nun gute zwei Kilometer geradeaus. Immer wieder zweigen zwar rechts und links Wege ab, doch wir bleiben unserem Waldweg treu, bis er an einer T-Kreuzung endet. Wir schwenken nach links und halten uns sofort an der nächsten Gabel nochmals links. Kurz darauf erreichen wir die Dreieckskreuzung am 8 / Schackenbrunnen mit Rastgelegenheit und einem hölzernen Schilderbaum. Die Route führt nach rechts und dann noch einmal gute zwei Kilometer auf dem Hauptweg geradewegs durch den Wald, bis wir an einer Sportanlage den Ortsrand von Lauf erreicht haben.

117

farbige Wappen auf Reliefs hat der Wappensaal im 9 / Wenzelschloss. Er ist damit einzigartig in Europa. Im 14. Jahrhundert fungierte das Schloss als kaiserlicher Rastplatz für adlige Reisegesellschaften auf ihrem Weg von Nürnberg zur Kaiserresidenz in Prag.

Endspurt in die Laufer Altstadt

Wir biegen links ein und folgen einem Sträßlein, dann einem Radweg über den Bitterbach zur St 2240. Wir queren die Straße und fahren zu ihrer Linken auf dem Radweg bis zur Nürnberger Straße. Hier schwenken wir nach rechts, biegen an der nächsten Kreuzung wieder links ab und queren gleich darauf die Pegnitz. Der nächsten Straße folgen wir nach links durchs Wohngebiet hindurch, an der Pegnitztherme und am Barth Park vorbei, bis wir am 8 / Wenzelschloss stehen. Über die Wassertorbrücke fahren wir zurück zum 1 / Marktplatz.

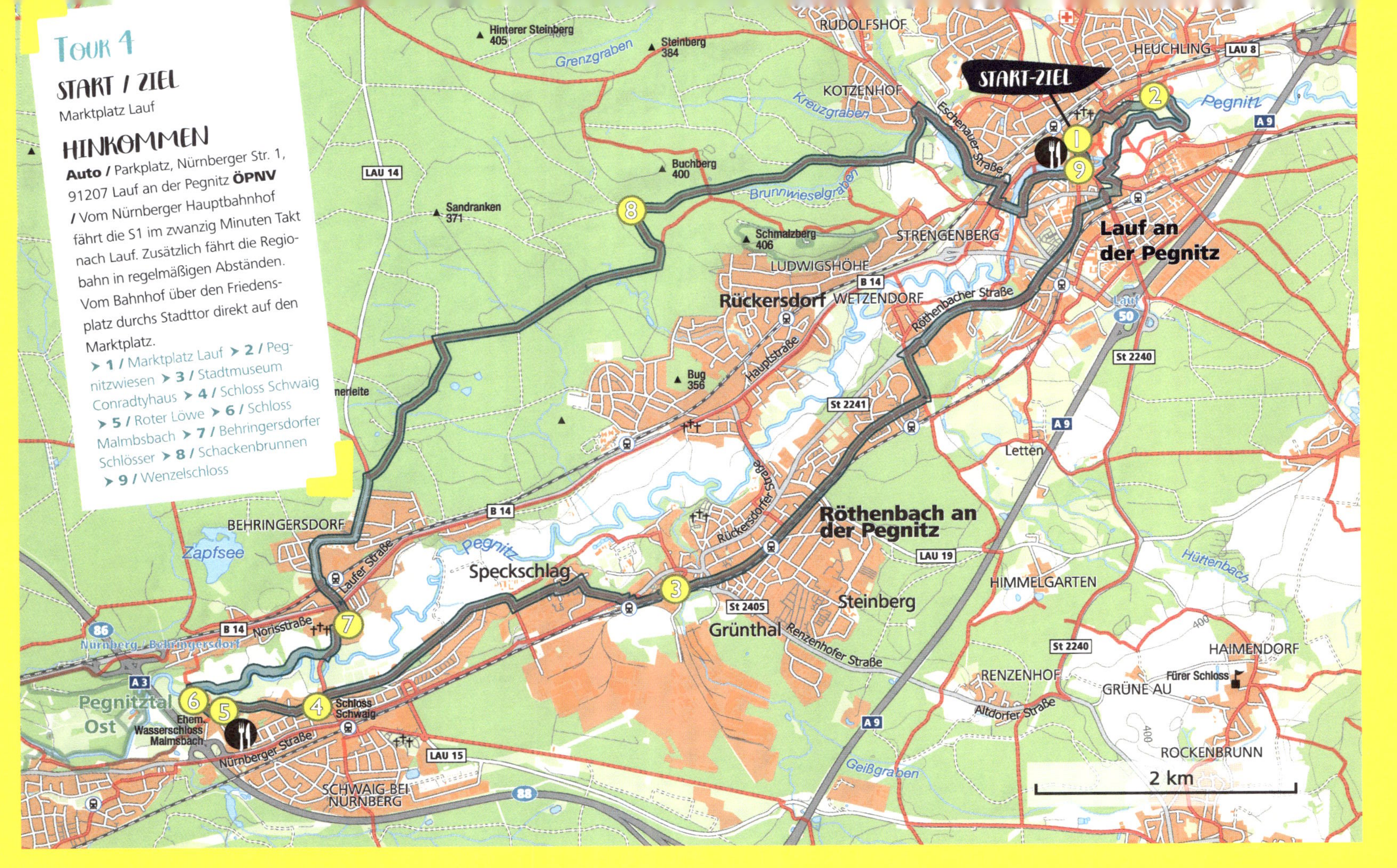

Tour 4

START / ZIEL

Marktplatz Lauf

HINKOMMEN

Auto / Parkplatz, Nürnberger Str. 1, 91207 Lauf an der Pegnitz **ÖPNV /** Vom Nürnberger Hauptbahnhof fährt die S1 im zwanzig Minuten Takt nach Lauf. Zusätzlich fährt die Regionalbahn in regelmäßigen Abständen. Vom Bahnhof über den Friedensplatz durchs Stadttor direkt auf den Marktplatz.

➤ **1 /** Marktplatz Lauf ➤ **2 /** Pegnitzwiesen ➤ **3 /** Stadtmuseum Conradtyhaus ➤ **4 /** Schloss Schwaig ➤ **5 /** Roter Löwe ➤ **6 /** Schloss Malmbsbach ➤ **7 /** Behringersdorfer Schlösser ➤ **8 /** Schackenbrunnen ➤ **9 /** Wenzelschloss

ANDÄCHTIGE STILLE

Von außen eher unscheinbar überrascht mich die Basilika St. Vitus von innen. Ein paar Minuten in der kühlen Halle sitzen und der Stille lauschen – eine Wohltat für die Seele!

› **1 /** An der ehemaligen markgräflichen Hofkirche St. Gumbertus geht's los

› **2 /** Unsere Route führt durchs romantische Dombachtal

› **3 /** Nach Elpersdorf geht's steil bergauf

› **4 /** Das Kronenbräu lockt zu einer ersten Rast

› **5 /** Direkt gegenüber der Stiftsbasilika St. Vitus können wir gemütlich einkehren

› **6 /** Ein schöner Radweg bringt uns durch die Altmühlauen

› **7 /** Das Altmühlbad ist eines von wenigen Flussbädern in Bayern

› **8 /** Von alten Stadtmauern umgeben liegt Leutershausen idyllisch am Oberlauf der Altmühl

› **9 /** Am Bahnhof Leutershausen-Wiedersbach steigen wir aus dem Sattel

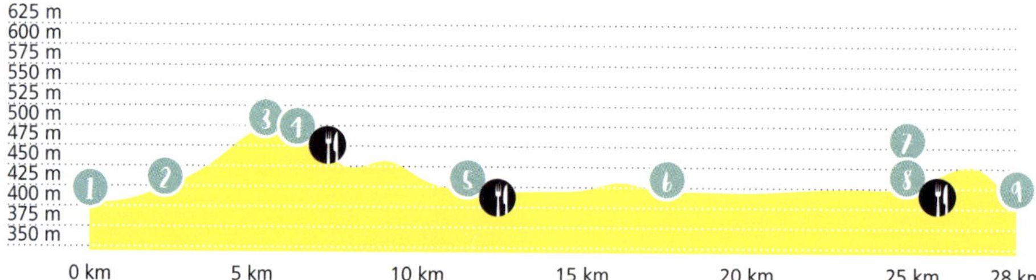

ZU GEISTLICHEN SPHÄREN

Kirchentour von Ansbach nach Herrieden

Die historische Geschichte Ansbachs begleitet uns auf Rad und Tritt aus der charmanten Hohenzollernstadt hinaus. Idyllisch geht's dann durchs Dombachtal und über einsame Landstraßen nach Herrieden, das mit seinem Benediktinerkloster einen sakralen Hauch versprüht.

28 Kilometer
195 Höhenmeter
160 Höhenmeter
2:30 Stunden
Rundtour

Ansbach: Historisch und charmant

Der Martin-Luther Platz in Ansbach birgt eine Sehenswürdigkeit nach der anderen und der geschichtlich und kulturell interessierte Radler muss sich schon losreißen, um sich nicht in schwärmerischen „Ahs" und „Ohs" zu verlieren. Daher springen wir vor der Kirche 1 / St. Gumbertus schnell in den Sattel und machen uns auf den Weg. Gemächlich radeln wir durch die enge, Fachwerk gesäumte Uzstraße südwärts, durchs Herrieder Tor hindurch und gera-

CHARAKTER

Sportlich ●●●○○
Abkühlung ●●●○○
Schlemmen ●●●○○
Panorama ●●●●○

TOURENINFO / Die Runde fährt sich entspannt auf asphaltierten oder gut geschotterten Radwegen. Im ersten Abschnitt fahren wir auch über eine wenig befahrene Straße. Den gröbsten Anstieg bringen wir gleich zu Beginn hinter uns. Danach geht's relativ eben an der Altmühl entlang. Badesachen fürs Altmühlbad nicht vergessen!

◂ links / In der Stadtmitte von Ansbach thront die Kirche St. Gumbertus

dewegs über die große Schalkhäuser Straße. Wir begleiten die Maximilianstraße lediglich 100 Meter und halten uns an der nächsten Gabelung rechts. Wir unterqueren die Gleise und fahren wenig später mit den Radschildern Richtung Dombach links. Über die Türken-dann die Dombachstraße gelangen wir schließlich zum Stadtrand von Ansbach, wo schon ausgedehnte Grünflächen und ein schöner Schotterweg ins 2 / Dombachtal auf uns warten.

Durchs Bachtal zur Wasserscheide

Die nächsten zwei Kilometer sind ein wahrer Genuss für jeden Naturradler. An Waldsaum und Wiesen entlang radeln wir über den fein geschotterten Weg durchs Dombachtal. Nicht weit entfernt zu unserer Linken schlängelt sich der Dombach dahin. Wir kosten jede Minute auf dem Weg durchs reizvolle Dombachtal aus, bis uns die Route an seinem Ende ins Dorfzentrum von Dombach im Loch leitet. Hier ist es nicht weniger idyllisch. Rastbänke und das Plätschern des Dorfbrunnens laden zum Rasten und Lauschen ein. Nach einer kurzen Verschnaufpause geht's weiter, rechts durchs Örtchen und mit der Straße stetig aufwärts. Hier müssen wir ein paar Minuten kräftig treten – die Tatsache, dass es der einzige, etwas mühsamere Anstieg des heutigen Feierabendrides ist, ist ein wenig tröstlich. Unser Weg führt weiter auf die Höhe und zum Ansbacher Stadtteil 3 / Elpersdorf, in dem sich die Europäische Wasserscheide befindet. Ein hübsch gestalteter Brunnen symbolisiert passend dazu diese geographische Besonderheit. Gestaltet wurde er vom Steinmetz- und Steinbildhauermeister Reinhard Vogel aus Ansbach.

EINKEHRSCHWUNG

Das 4 / Kronenbräu in Dautenwinden ist tagsüber ein gemütlicher Landgasthof. An den Wochenenden avanciert es abends zur gefragten Partylocation.

Einsame Landstraßen nach Herrieden

Nach einem kurzen Besuch beim Wasserscheidebrunnen wenden wir uns in der Mitte des Ortes nach links und radeln über die Dau-

---

➤ rechts oben / Romantik pur vor den Toren von Ansbach: Das Dombachtal

KM 5,4

In 3 / Elpersdorf befinden wir uns auf der Europäischen Wasserscheide. Der Höhenrücken gibt den Wasserläufen die Richtung und leitet sie entweder in die Nordsee oder ins Schwarze Meer. Der hübsche Ortsbrunnen symbolisiert diese Wasserscheide. Er wurde 1988 zum 700-jährigen Ortsjubiläum erbaut.

WER IST DIE ÄLTESTE?

Famos, gleich drei Kirchen konkurrieren in Herrieden um dieses Amt. Mit 1. Nennung 797 macht wohl die 4 / Stiftsbasilika St. Vitus das Rennen

tenwindener Straße wieder hinab. Es gibt zwar keinen Radweg, die Straße ist aber nicht arg befahren, so dass wir den Ride über die nächsten Orte entspannt genießen können. Der Weg führt nach Süden, am Örtchen Dautenwinden mit seinem 4 / Kronenbräu vorbei. An Wiesen und Feldern entlang passieren wir bald die Höfstetter Mühle und unterqueren gleich darauf die A6. Wir behalten die Richtung bei und radeln nach ein einigen Minuten durch Hohenberg hindurch. Kurz darauf erreichen wir den Ortsrand von Herrieden.

Sakraler Wind über Herrieden

Nachdem wir die beiden Kreisverkehre geradeaus überquert haben, biegen wir an der stattlichen und nicht zu übersehenden Fronveste

links ein. Heute wirkt die ehemalige Wehranlage recht freundlich auf uns mit ihren rot-weiß leuchtenden Fensterläden. Die Lage des Städtchens muss wohl schon immer einen besonderen Reiz ausgeübt haben. Mönche gründeten hier im 9. Jahrhundert zwischen Altmühl und Martinsberge ein Benediktinerkloster. Aber auch sonst lädt der hübsche Ort zum Verweilen ein. Am Herriedener Marktplatz drängen sich gleich drei Kirchen in unmittelbarer Nachbarschaft, aber jede mit ihrem ganz eigenen Charakter. Besonders imposant ist dabei die 5 / Stifstsbasilika St. Vitus. Nachdem wir einen kurzen Blick in das ehrwürdige Gebäude geworfen haben, radeln wir über den Marktplatz durchs Storchentor. An Stelle der früheren Furt überspannt eine steinerne Brücke – bewacht vom Hl. Nepomuk – den Fluss. Gleich nach der Brücke wechseln wir nach rechts auf einen Radweg. An der kleinen Siechkapelle vorbei entfernt er sich langsam von der Straße und bringt uns auf dem – von der einen oder anderen Tour bereits bekanntem – Altmühltalradweg Richtung Westen durch die Flusslandschaft der Altmühl.

14.07.10

wurde die 5 / Stiftsbasilika St. Vitus von Papst Benedikt dem XVI zur Basilika minor erhoben. Unbedingt mal reinschauen, die Basilika enthält eine herrliche reich barockisierte Ausstattung aus den Jahren des 17. & 18. Jhdt.

Landfahrt mit Badestopp

Zunächst fahren wir auf einem schön geteerten Radweg. Zu unserer Rechten schlängelt sich die Altmühl durch die Landschaft. Nach

---

‹ links / Auf dem Marktplatz Herrieden ist die Stiftsbasilika ein Blickfang ^ oben / Der Altmühltalradweg begleitet uns das letzte Wegstück

FLUSSBAD MIT FLAIR

Das 7 / Altmühlbad ist eines von wenigen Flussbädern in Bayern. Im Sommer durchgehend geöffnet bietet es viele tolle Amusements. Eintritt ist frei!

ein paar Minuten passieren wir ein hübsches hölzernes Wegkreuz, unter dem eine gemütliche Bank zum Sitzen einlädt. Unsere letzte Rast liegt zwar erst kurz hinter uns, dennoch lohnt sich hier ein kurzer Blick über die rechte Schulter, quasi ein kurzer Panoramablick zurück aufs Herriedener Stadtbild. Die Route leitet uns kurz darauf durch Stegbruck, an dessen Ortsende wir uns gen Norden wenden. Wenig später leitet uns der gut ausgeschilderte Weg nach rechts durch Hilsbach und unter der A6 hindurch. Hier nähern wir uns wieder der Altmühl an – die 6 / Altmühlauen leuchten in ihrem sattesten Grün. Nicht weit von Neunstetten entfernt queren wir die Staatsstraße und schwenken gleich darauf nach rechts. Flux geht's über eine Brücke über den Großen Aurachbach. Nach einem guten Kilometer fahren wir geradewegs über eine große Wegkreuzung hinüber. Ein paar Minuten später schwenken wir nach rechts. Kurz nach dem Örtchen Görchsheim kreuzen wir die Gleise – hier tangieren wir auch für einen Moment einen Seitenarm der Altmühl. Wir radeln weiter stetig geradeaus bis Sachsen. Die Route führt uns am rechten Ortsrand entlang und schließlich in einem Rechtsschwenk zur Altmühl. Noch vor der Brücke biegen wir links ab und fahren in einem Bogen am 7 / Altmühlbad vorbei ins Städtchen hinein.

KM 25

8 / Leutershausen goes international: Das kleine fränkische Städtchen hat – im weitesten Sinne – zwei weltbekannte Söhne: Es ist Heimatstadt des Flugpioniers Gustav Weißkopf und Geburtsstadt der Mutter von Henry Kissinger.

Mit Altstadtabstecher ans Ziel

Die Straße Am Graben bringt uns durch die Altstadt ins Zentrum von 8 / Leutershausen. Hier gibt es diverse Möglichkeiten, vor dem Schlussspurt noch einzukehren. Durchs Untere Tor radeln wir aus der Altstadt hinaus und schwenken kurz darauf links in die Bahnhofstraße. Radweglos bewältigen wir einen letzten, kurzen Anstieg. Oben wechseln wir dann nach rechts auf den Radweg parallel zur Straße. Er bringt uns nun – einmal noch leicht nach rechts versetzt – durch Wiedersbach zum 9 / Bahnhof Leutershausen-Wiedersbach.

Tour 5

START

Marktplatz Ansbach

ZIEL

Bahnhof Leutershausen-Wiedersbach

HINKOMMEN

Auto / Parkhaus Altstadt, Am Mühlbach 2, 91522 Ansbach
ÖPNV / Vom Nürnberger Hauptbahnhof fährt die S4 im 20-Minuten -akt nach Ansbach

➤ **1 /** St. Gumbertus ➤ **2 /** Dombachtal ➤ **3 /** Elpersdorf ➤ **4 /** Kronenbräu ➤ **5 /** Stiftsbasilika St. Vitus ➤ **6 /** Altmühlauen ➤ **7 /** Altmühlbad ➤ **8 /** Leutershausen ➤ **9 /** Bahnhof Leutershausen-Wiedersbach

BIERWISSEN

Bier kann so vielseitig sein; dazu hat es eine lange Geschichte. Im Hopfen Bier Gut erlebe ich interaktiv & lebendig die Welt von Hopfen & Bier.

➤ **1 /** Am Marktplatz Georgensgmünd können wir uns stärken

➤ **2 /** Einmal Sonne, Pluto und zurück heißt es auf dem Planetenweg

➤ **3 /** Im Sandwerk wird hochwertiger Quarzsand abgebaut

➤ **4 /** In Stirn haben wir die Qual der Wahl zwischen zwei tollen Gaststätten

➤ **5 /** An heißen Tagen gibt's am Brombachsee Abkühlung

➤ **6 /** Das Spalter Bier ist weit über die Grenzen des Landes bekannt

➤ **7 /** Hier sollten wir kurz inne halten und den herrlichen Panoramablick auf Spalt genießen

➤ **8 /** Im Landgasthof Stache lädt vor allem der schöne Biergarten zum Verweilen ein

➤ **9 /** Das Gasthaus Riepl lockt mit deftiger Küche und urigem Ambiente

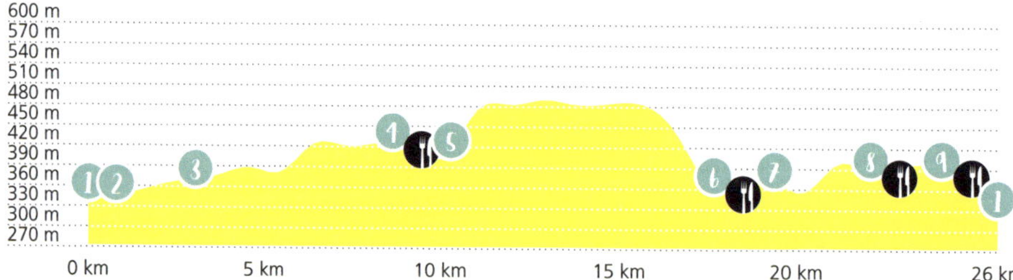

FRÄNKISCHES HOPFEN-LAND

Biergenuss im Spalter Hügelland

Heute erkunden wir den Norden des Fränkischen Seenlandes – das Spalter Hügelland. Von Georgensgmünd machen wir uns zunächst zum Brombachsee auf. Nach einer kleinen Erfrischung geht's durch die Hopfenlandschaft in die Bierstadt Spalt.

26 Kilometer
350 Höhenmeter
350 Höhenmeter
2:15 Stunden
Rundtour

Sonne, Mond und Sterne

Am griechischen Restaurant Nostalgia direkt am 1 / Marktplatz Georgensgmünd steigen wir in den Sattel. Zunächst queren wir mit der Steinbacher Straße die Fränkische Rezat. Direkt an der Kreuzung schwenken wir einmal fast um 90° nach rechts und folgen den Radschildern in den Park. Schnell geht's auf ein geschottertes Weglein – sein Rand wird in regelmäßigen Abständen von großen und kleinen bunten Kugeln gesäumt. Beim genaueren Hinsehen fallen uns immer wieder Infoschilder auf, die die Gebilde erklären. Wir sind auf dem 2 / Planetenweg gelandet, der

CHARAKTER

Sportlich ●●○○○
Abkühlung ●●○○○
Schlemmen ●●●●●
Panorama ●●●○○

TOURENINFO / Schöne Radwege und kaum befahrene Straßen begleiten uns bis zum Brombachsee. Nach dem Waldanstieg radeln wir über Feld- und Schotterwege nach Spalt. Ab hier folgen wir ruhigen Straßen zurück zu unserem Ausgangspunkt.

‹ links / Für gutes Bier braucht man auch guten Hopfen

auf 7 km ein Modell unseres Sonnensystems zeigt. Wir begleiten ihn kurz durch den Park, schwenken mit ihm nach links und über Sauersbuck und Lerchenweg geradewegs durchs Wohngebiet hindurch zu einem quer verlaufenden Radweg. Hier biegen wir rechts ein und fahren nun auf angenehm geteertem Untergrund stets geradeaus. So verlassen wir Georgensgmünd, immer noch in Begleitung großer und kleiner Planeten unseres Sonnensystems.

Sandgruben und Baggerweiher

Der schöne Radweg auf der ehemaligen Bahntrasse bringt uns in flottem Tempo Richtung Westen aus dem Städtchen hinaus. Wir passieren den Skaterplatz und den Bikepark von Georgensgmünd. Kurz darauf erregt ein weitläufiger, über und über mit Sand bedeckter Ort zu unserer Rechten unsere Aufmerksamkeit. Wir sind am 3 / Sandwerk von Pleinfeld. In Ocker- und Orangetönen leuchten die Sandberge zu uns herüber. Nach einem Wäldchen fahren wir eine kleine Kurve um einen der drei Baggerweiher, die zur Renaturierung ehemaliger Sandgruben dienen. Am Ortsrand von Hügelmühle biegen wir links ab, queren die Spalter Straße und fahren geradeaus auf einer breiten, kaum befahrenen Straße Richtung Unterbreitenlohe. Wir verlassen an dieser Stelle die Radbeschilderung und folgen den Straßenschildern. An den ersten Hopfenfeldern – ein kleiner Vorgeschmack auf unser eigentliches Ziel – vorbei erreichen wir den kleinen Ort Unterbreitenlohe. In der Ortsmitte befindet sich ein sehr hübsches Rastbänklein, direkt unter einem hölzernen Wegkreuz. Wir bleiben auf der Straße, die uns nun stetig durch einen kleinen Wald bergauf leitet. Nach ein paar Minuten biegen wir direkt gegenüber dem Fußballplatz rechts auf ein schmales Sträßlein ein. Ab hier führen uns wieder die Radschilder.

ES WAR EINMAL...

...ein Gesteinsbrocken. Wind, Wasser und Eis trennten hier vor 10.000 Jahren jedes Sandkorn vom massiven Gestein. Im 3 / Sandwerk wird er abgebaut.

› rechts oben / Stirn winkt uns schon von weitem zu

1: 10

Ein Schritt auf der Erde ist gleich eine Milliarde Schritte im Weltall. In diesem Maßstab präsentiert sich der 2 / Planetenweg. Auf 7 km zeigt der außergewöhnliche Lehrpfad Sonne, Planeten und ihre Entfernung voneinander. So reiht sich ein Planet maßgetreu im Wiesengrund und an der Bahntrasse an den anderen.

An Hopfenfeldern zur ersten Einkehr

Wir radeln noch ein paar Minuten durch den Wald, dann bringt uns unsere Route über Weizenfelder, Wiesen und ein paar Hopfenfelder an den Ortsrand von 4 / Stirn. Von rechts begrüßt uns schon fröhliches Gemeckere. Auf einer großen Weide tummeln sich Alpakas, Ziegen und Ponys. Sogar zwei Strauße sind dabei. Wir fahren geradeaus an diesem kleinen Privatzoo vorbei und ins Zentrum von 4 / Stirn. Der Ortsteil von Pleinfeld eignet sich hervorragend für eine erste Pause, denn hier gibt es gleich zwei tolle Wirtschaften.

Ein bisschen Seeluft schnuppern

Am Gasthaus zur Linde geht's schräg rechts über die Straße. Schon wieder lassen wir die Radschilder hinter uns und suchen uns unseren eigenen Weg. Dafür nehmen wir den Angerweg steil abwärts nach Allmansdorf. Hier schwenken wir links wieder bergan zur Straße. Von hier oben können wir den 5 / Brombachsee schon förmlich riechen. Wenn's recht heiß ist, lohnt sich ein kurzer Abstecher zum See. Andernfalls radeln wir rechts weiter, mit der Straße langsam

bergan. Schilderlos folgen wir der Straße gute zweieinhalb Kilometer an Wäldern und Hopfenfeldern vorbei. Wenige Minuten nach dem letzten Hopfenfeld zweigen wir nach links auf einen Schotterweg ab. Die Route führt uns in einer Linksurve an einen Teerweg. Wir folgen ihm nach rechts, schwenken jedoch gleich darauf wieder links, an Feldern vorbei auf einen halb Teer-, halb Schotterweg. An der Gabelung mit einer kleinen Kapelle halten wir uns links. Der Weg wird immer holpriger und endet zum Glück doch recht schnell an einem herrlichen geteerten Radweg. Wir radeln rechts herum, leicht bergan, bis wir eine Straße erreichen. Hier geht's mit dem straßenbegleitenden Radweg nach rechts.

19

verschieden Sorten Bier gibt es aktuell in der Brauerei 6 / Spalter Bier. Die Brauerei ist kommunaler Eigenbetrieb und 5000 Spalter Bürger sind stolze Brauerei-Eigentümer und zugleich Bierbotschafter in eigener Sache.

Spalt und seine Biere

In Großweingarten schwenken wir gegenüber vom Landgasthof Lindenwirt nach links in den Kellerbuck und sausen teils ganz schön steil die Straße hinab. Dabei bleiben wir immer auf der Straße und lassen uns nicht verleiten, nach links auf ein Teerweglein zu wech-

‹ links / Malerisch bettet sich Spalt ins Rezattal ^ oben / In Mosbach lockt ein tolles Landgasthaus

seln. Da würden wir im Nichts landen. So rollen wir flott nach Spalt hinein, geradeaus über den Kreisverkehr hinüber und ins Zentrum hinauf, direkt zur imposanten Kirche St. Emmeram und der Brauerei 6 / Spalter Bier. Über die Hauptstraße geht's wieder hinab und in der Linkskurve wechseln wir geradeaus auf einen schmalen Weg über die Nepomukbrücke. Gleich nach der Brücke folgen wir der Straße noch wenige Meter, dann biegen wir am Wohngebiet rechts in die Dr. Merkenschlager-Straße ein. Sie leitet uns am Ortsrand, ein wenig oberhalb der Fränkischen Rezat, aus dem Bierstädtchen hinaus. Kurz nach Ortsende, noch bevor der Wald beginnt, halten wir kurz inne und genießen den schönen 7 / Panoramablick auf Spalt.

2

urige und typisch fränkische Wirtschaften erwarten dich auf den letzten Kilometern. Der 8 / Landgasthof Stache punktet mit einem gemütlichen Biergarten und einer an die Jahreszeiten angepasste Speisekarte. Beim 9 / Gasthaus Riepl sage ich nur: Schlachtschüssel!

Gasthofhopping nach Georgensgmünd

Wir folgen der Straße noch einen knappen Kilometer, dann schwenken wir an der Landstraße nach links. Auch diese Straße ist relativ ruhig und führt uns nach Mosbach. Falls wir hier schon bereit für einen Einkehrschwung sind, können wir geradeaus in den Ortskern zum 8 / Landgasthof Stache fahren. Andernfalls geht's rechts im Nu wieder aus dem Örtchen hinaus und in zehn Minuten nach Hauslach. Hier erwartet uns jeden letzten Dienstag im Monat das 9 / Gasthaus Riepl. Ab dem Nachmittag gibt's dann hier die deftige Schlachtschüssel. Aus der angrenzenden Metzgerei können wir uns natürlich jederzeit unter der Woche bis auf Mittwoch kleine, feine Leckerbissen aus der hauseigenen Schlachtung mitnehmen. Ein paar Minuten fahren wir noch auf dem Radweg erst links, dann rechts, an der Straße entlang, dann rollen wir gemütlich wieder auf den 1 / Marktplatz Georgensgmünd.

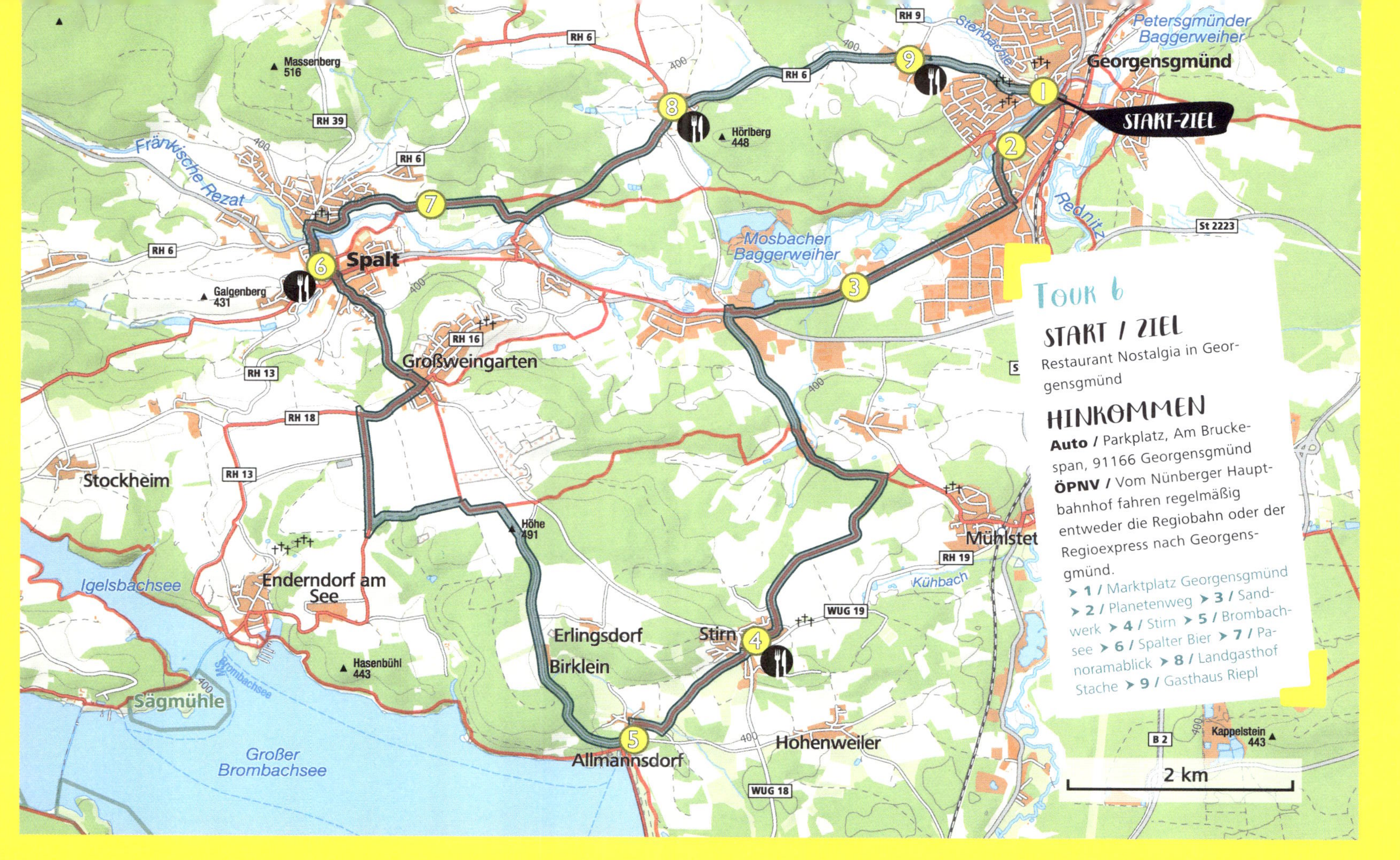

Tour 6

START / ZIEL

Restaurant Nostalgia in Georgensgmünd

HINKOMMEN

Auto / Parkplatz, Am Bruckespan, 91166 Georgensgmünd
ÖPNV / Vom Nünberger Hauptbahnhof fahren regelmäßig entweder die Regiobahn oder der Regioexpress nach Georgensgmünd.

➤ **1** / Marktplatz Georgensgmünd ➤ **2** / Planetenweg ➤ **3** / Sandwerk ➤ **4** / Stirn ➤ **5** / Brombachsee ➤ **6** / Spalter Bier ➤ **7** / Panoramablick ➤ **8** / Landgasthof Stache ➤ **9** / Gasthaus Riepl

DONAU-SCHIFFFAHRT

Ohne Zweifel, ein Kanal mit Geschichte. Auch wenn gerade kein Schiff in Sicht ist, genieße ich den eindrucksvollen Blick von der Schleuse auf den Main-Donau-Kanal.

➤ **1 /** Am Bahnhof Roth startet unser Feierabendride

➤ **2 /** Der Historische Eisenhammer ist eine lebendige Museumslandschaft

➤ **3 /** In Wallersbach liegt eine Wirtschaft idyllisch zwischen den Weihern

➤ **4 /** Jeden Freitag findet der Bauernmarkt auf dem Marktplatz Hilpoltstein statt

➤ **5 /** Von hier aus ist es ein Katzensprung zum (und in den) Rothsee

➤ **6 /** Auf der Aussichtsplattform Schleuse Eckersmühlen den Schleusenvorgang beobachten

➤ **7 /** Seit 1885 ist das traditionsreiche Gasthaus zur Linde in Hofstetten in Familienbesitz

➤ **8 /** Auf dem Marktplatz Roth können wir die Tour gemütlich ausklingen lassen

➤ **9 /** Schloss Ratibor wurde einst von den zollerischen Markgrafen als Jagdschloss genutzt

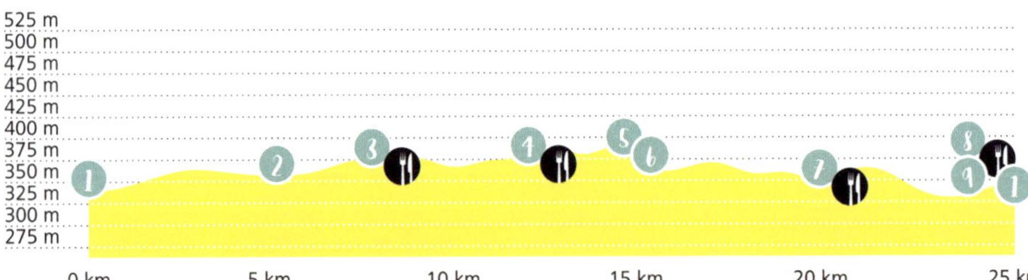

MÜHLENROMANTIK

Von Roth nach Hilpoltstein

Von Roth, dem für seinen jährlich stattfindenden Triathlon weltbekannten Städtchen, fahren wir heute auf einen Kurzbesuch nach Hilpoltstein. Hin und zurück geht's dabei durchs idyllische Rothtal, das so manches hübsche Geheimnis für uns bereithält.

25 Kilometer
170 Höhenmeter
170 Höhenmeter
2:00 Stunden
Rundtour

Beschwingt über die Felder zur Hammerschmiede

Ein wenig abseits des Zentrums schwingen wir uns am 1 / Bahnhof Roth in den Sattel. Über den Parkplatz geht's recht schnell auf dem Anton-Seitz Weg weiter, bis wir auf den Westring stoßen. Wir überqueren die große Kreuzung nach links und fahren auf dem Radweg Richtung Osten. An der nächsten Kreuzung an der Münchner Straße wechseln wir die Straßenseite, um auf dem für Radler freigegebenen Bordstein weiterzurollen. Den nächsten Kilometer bleiben wir der Straße treu, unterqueren die B2 und verlassen auf

CHARAKTER
Sportlich ●●○○○
Abkühlung ●●○○○
Schlemmen ●●●●○
Panorama ●●●●○

TOURENINFO / Heute vergnügen wir uns fast ausschließlich auf geteerten Radwegen und Schotter- oder Waldwegen. Auch die Höhenunterschiede und die Steigungen sind sehr überschaubar. An heißen Tagen lohnt sich der kurze Abstecher um Rothsee!

◂ links / Die Aussicht von der Schleuse Eckersmühle auf den Main-Donau-Kanal ist fantastisch

diesem Wege Roth. Kurz hinter der Bundesstraße überqueren wir die Straße und folgen den Radschildern über einen gepflasterten Weg den „Gengsbuck" hinauf. Gleich darauf stehen wir an einer Straße im Wohngebiet von Belmbrach. Die Radlschilder schicken uns nach links auf den Hofstettener Weg. Er leitet uns aus dem Vorort hinaus, immerzu geradeaus. Bald fahren wir auf einem herrlichen, geteerten Radweg an Feldern und kleinen Waldstücken vorbei. In sanften Schwüngen genießen wir die schöne Landschaft, bis wir auf die Bahngleise stoßen. Wir schwenken nach rechts, an den Gleisen entlang. Kurz darauf passieren wir ein Schild mit dem Hinweis 2 / Historischer Eisenhammer. Falls uns nicht die Eile im Nacken sitzt, können wir ruhig einen Abstecher zu dem kleinen Museum machen.

WEIHERIDYLLE IM ROTHGRUND

In 3 / Wallersbach schmiegen sich ein paar Weiher malerisch aneinander. Ein Bänkchen lädt dazu ein, ein paar Augenblicke zu verweilen.

Mühlenparadies im Rothgrund

Weiter geht die Reise, mit wenigen Tretern nach Eckersmühlen. Wir bleiben geradeaus. An der Grenze zum Wohngebiet weist das Radschild nach links. Wir beachten es jedoch nicht und setzen unbeirrt unseren Weg geradeaus fort. Und keine Sorge, wir führen dich schon auf schönen Wegen nach Hilpoltstein. Am Ortsrand queren wir die Straße und folgen den Straßenschildern Richtung 3 / Wallersbach, das wir auch nach ein paar Minuten erreichen. Hier treffen wir auf ein Stück von „Dem Seenländer". Er ist zwar ein Wanderweg, aber nichtsdestotrotz: Auch für uns hält die Infotafel über diese Paradestrecke viel Wissenswertes bereit. Wir radeln weiter zwischen den Weihern hindurch. Kurz darauf beginnt ein Waldweg. Zu Beginn führt er uns noch ein wenig holprig durch den herrlichen Kiefernwald. Im Verlauf wandelt er sich jedoch zu einem herrlichen Waldradweg. An der Gabelung bleiben wir geradeaus, stetig am Wasserschutzgebiet entlang. Fünf Minuten später stoßen wir auf einen Teerweg, dem

---

➤ rechts oben / Immer wieder streifen wir malerische Wälder im Rothgrund

5

Generationen befand sich der 2 / Historische Eisenhammer im Besitz der Hammerschmiede Dynastie Schäff. Heute kannst du bei regelmäßigen Schmiedevorführungen in die alte Handwerkskunst eintauchen. In der Ausstellung „Vom Erz zum Eisen" erfährst du alles über den langen Weg der Erzgewinnung.

WÄCHTER DER BURGSTADT

Das Brunnenmännle bewacht seit 1560 den 4 / Marktplatz Hilpoltstein. Auf seinem Schild prangen die Wappen von Nürnberg und Hilpoltstein.

wir weiter geradeaus folgen. Zu unserer Linken, gleich hinter dem Wald, passieren wir die Knabenmühle. Am hübschen Weiher vorbei erwartet uns die Paulusmühle und nach dem Linksschwenk über die Brücke am Gänsebach durchfahren wir schließlich mit Grillengezirpe und Vogelgezwitscher die Seitzenmühle.

Besuch beim Hilpoltsteiner Brunnenmännle

Nach der Seitzmühle bleiben wir geradeaus, mit breitem Teerweg zum Ortsrand von Hilpoltstein. Nach dem Spielplatz schwenken wir nach rechts und radeln über die Adalbert-Stifter-Straße durchs Wohngebiet. Kurz bevor wir wieder auf die Hauptstraße treffen, richten wir unseren Blick auf die Radschilder Richtung „Historische Altstadt". So schwenken wir nach rechts, unterm Altstadtring hin-

durch und in die kleine Parkanlage hinein. Wir tangieren den Park nur kurz, dann biegen wir am Parkweg rechts ein und radeln das schmale, gepflasterte Sträßchen aufwärts. Am Querweg biegen wir links in die Altstadt ab. Am Döderleinsturm geht's vorbei direkt zum 4 / Marktplatz Hilpoltstein. Rund um den Stadtbrunnen und das ganz besondere Brunnenmännle gibt es viel zu sehen und auch ein paar schöne Einkehrmöglichkeiten: Kuchen, Deftig, Eis. Da ist sicherlich für jeden was dabei.

25 MIN

dauert die Schleusung eines Schiffes an der 6 / Schleuse Eckersmühlen. Auf einer Kammerlänge von 200 Metern überwinden die Schiffe dabei eine Fallhöhe von 24, 67 Metern. Ein faszinierendes Schauspiel, die Durchschleusung eines Schiffes live mitzuerleben.

Zum Logenplatz über dem Main-Donau-Kanal

Nach einer Pause radeln wir vom Marktplatz links hinab. An der Gabelung halten wir uns rechts wieder hinauf zum Altstadtring. Wir überqueren ihn geradeaus und verlassen mit dem Radweg in leichtem Anstieg die Stadt. Ein paar Minuten begleiten wir die Staatsstraße. Sie führt uns noch über den Main-Donau-Kanal. Nach der Brücke verlassen wir sie nach rechts über einen Schotterweg hinab, schwenken durch die Unterführung hindurch und biegen an der Straße links ab. Jetzt ist die Gelegenheit für eine Erfrischung am 5 / Rothsee, der sich wirklich nur noch zwei Pedaltreter hinter dem Park- und Wohnmobilstellplatz befindet. Zurück auf der Route leitet uns das Sträßlein um eine Linkskurve über den Kanal. Hier stoppen

< links / Hilpoltstein und sein Brunnenmännlein ^ oben / Ein spannender Kulturstopp ist Schloss Ratibor

wir noch einmal, denn die Aussicht von der 6 / Schleuse Eckersmühlen wollen wir uns nicht entgehen lassen. Wenn dann auch noch ein Schiff kommt, ist der Aussichtsstop perfekt.

Letzte Einkehr vor der Rückfahrt

Wieder feste Straße unter den Rädern geht's parallel zum Main-Donau-Kanal nach Haimpfarrich. Am Bushäuschen schwenken wir nach rechts, an der folgenden Gabelung halten wir uns links auf einen Schotterweg. Er leitet uns durch einen wunderschönen Kiefernwald an den Ortsrand von Eckersmühlen. Hier halten wir uns rechts, dann stetig geradeaus durchs Wohngebiet, bis wir am Jägerweg nach links schwenken. Er bringt uns über In der Leiten zur Jahnstraße, mit der wir sogleich wieder am Sportplatz vorbei aus dem Ort hinausrollern. Felder und kleine Waldabschnitte ziehen an uns vorbei. Bei Hofstetten ermöglicht uns ein Abstecher nach links zum 7 / Gasthaus zur Linde eine letzte Einkehr vor Roth.

KM 24,5

Ursprünglich diente 9 / Schloss Ratibor als Freizeitsitz für den jagdlustigen Georg den Frommen. Heute ist es im Besitz der Stadt Roth. Die Räume im ersten Stock gehören zu den besterhaltenen Zeugnissen historistischer Wohnkultur in Bayern.

Roth und sein Schloss

Unsere Route führt uns nach der Ortschaft an der Gabelung nach rechts. Wir verlassen die Teerstraße und fahren auf einem geschotterten Weg in den Wald hinein. Nach zehn Minuten biegen wir an der Straße links ab. Wir passieren ein Wehr und fahren unter der B2 hindurch. Kurz danach schwenken wir nach rechts durch den Wiesengrund der Roth. Beim Freizeitbad Roht geht's links die Straße hinauf, dann knicken wir scharf nach rechts. Gleich darauf radeln wir durch die Traubengasse zum 8 / Marktplatz Roth. Über die Hauptstraße rollern wir durch die wunderschöne Altstadt und am 9 / Schloss Ratibor vorbei. An der Bleichstraße weisen uns dann die Radschilder nach links, die letzten fünfhundert Meter über die Rednitz und eine hübsche Brücke zurück zum 1 / Bahnhof Roth.

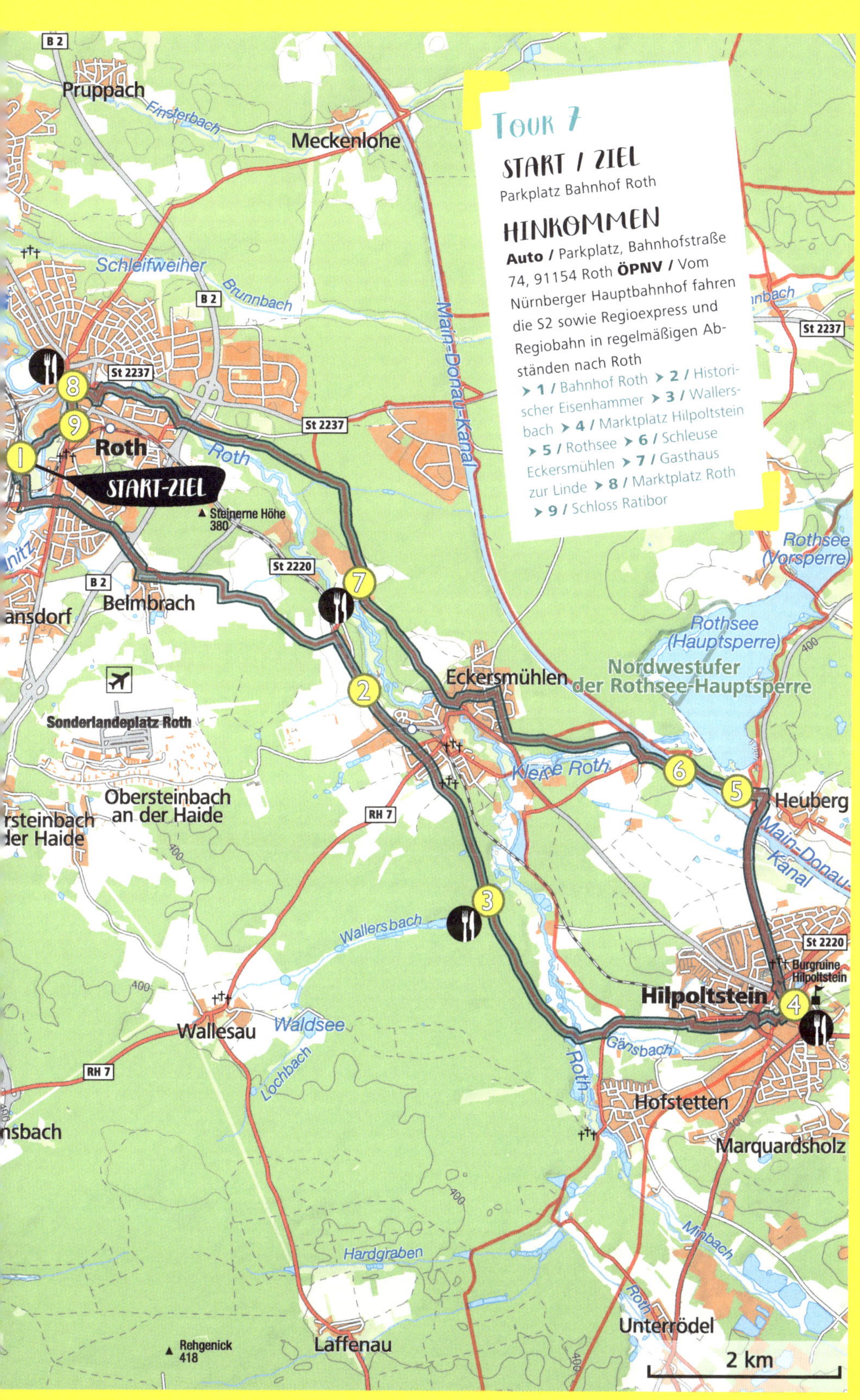
Tour 7
START / ZIEL
Parkplatz Bahnhof Roth
HINKOMMEN
Auto / Parkplatz, Bahnhofstraße 74, 91154 Roth ÖPNV / Vom Nürnberger Hauptbahnhof fahren die S2 sowie Regioexpress und Regiobahn in regelmäßigen Abständen nach Roth
› 1 / Bahnhof Roth › 2 / Historischer Eisenhammer › 3 / Wallersbach › 4 / Marktplatz Hilpoltstein › 5 / Rothsee › 6 / Schleuse Eckersmühlen › 7 / Gasthaus zur Linde › 8 / Marktplatz Roth › 9 / Schloss Ratibor
START-ZIEL
Pruppach
Meckenlohe
Roth
Belmbrach
Eckersmühlen
Hilpoltstein
Heuberg
Hofstetten
Marquardsholz
Wallesau
Laffenau
Unterrödel
Obersteinbach an der Haide
Sonderlandeplatz Roth
Nordwestufer der Rothsee-Hauptsperre
Rothsee (Hauptsperre)
Rothsee (Vorsperre)
Main-Donau-Kanal
Burgruine Hilpoltstein
Steinerne Höhe 380
Rehgenick 418
Schleifweiher
Brunnbach
Wallersbach
Waldsee
Lochbach
Hardgraben
Gänsbach
Kleine Roth
B 2
St 2237
St 2220
RH 7
2 km

ABENDSTIMMUNG AM SEE

Abends wird es ruhig um den Rothsee. Dann setze ich mich gerne direkt ans Wasser und beobachte das bunte Treiben der tierischen Bewohner des Sees.

➤ **1 /** Der Sportplatz in Allersberg ist ein zentral gelegener Ausgangspunkt

➤ **2 /** Über die romantische Weiheranlage Guggenmühle geht's aufs Land

➤ **3 /** Für einen Stopp im Kupferkessel sollten wir vorher reservieren

➤ **4 /** Am Main-Donau-Kanal ist Kanalradeln angesagt

➤ **5 /** Vom Damm des Rothsees haben wir einen Überblick über den See

➤ **6 /** Am Seezentrum Heuberg können wir einkehren und ins Wasser springen

➤ **7 /** Bei der Stauwurzel radeln wir durch ein wunderschönes Naturschutzgebiet

➤ **8 /** Am LBV Infostand werden uns allerlei Infos über die Rothseer Vogelwelt vermittelt

➤ **9 /** Auf dem Allersberger Marktplatz ist das Gilardihaus ein Blickfang

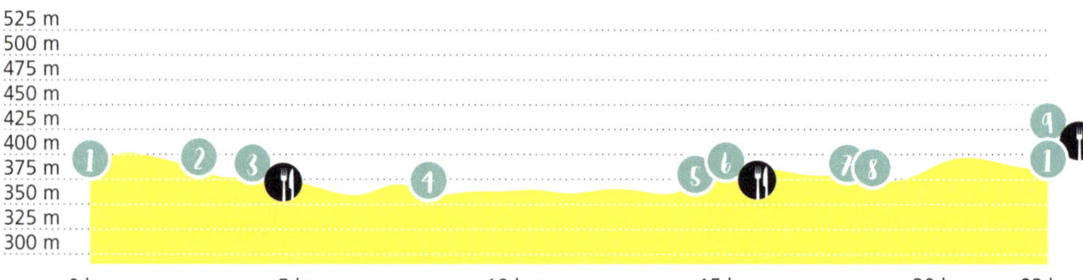

NATURGENUSS UND…

… Freizeitspaß von Allersberg zum Rothsee

Der Rothsee ist nicht nur im Sommer ein Anziehungspunkt für Erholungssuchende von Nah und Fern. Wir besuchen ihn heute zum Ende unserer Runde, die im barocken Allersberg startet und uns über die ländliche Idylle und den Main-Donau-Kanal an seine Ufer führt.

23 Kilometer
175 Höhenmeter
175 Höhenmeter
1:45 Stunden
Rundtour

Erstmal zu den „kleinen Seen"

Unser kleiner Feierabendausflug beginnt am 1 / Sportplatz in Allersberg. Zunächst folgen wir der Nürnberger Straße stadtauswärts, schwenken aber schon nach zweihundert Metern an der Schulstraße nach rechts. Die Radschilder zeigen uns die Richtung nach Guggenmühle an. Die Route steigt an und ein bisschen mühsam strampeln wir durchs Wohngebiet aus dem Ort hinaus. Die Straße geht bald in einen Schotterweg über, der uns herrlich über die Höhe und an Wiesen entlang leitet. Nach wenigen Minuten tref-

CHARAKTER
Sportlich ●●○○○
Abkühlung ●●●○○
Schlemmen ●●●○○
Panorama ●●●●○

TOURENINFO / In sanftem Auf und Ab fahren wir über Feld- und Flurwege aus Allersberg hinaus. Am Kanal bringt uns ein gut geschotterter Radweg zum Rothsee. Ab hier geht's über geteerte Radwege und kleine Sträßchen zurück nach Allersberg.

◂ links / Die Stauwurzel Rothsee ist ein malerischer Landschaftsstrich

fen wir auf einen wesentlich bequemeren Flurweg. Wir folgen ihm nach rechts, parallel zur A9. Kurz genießen wir noch die schönen Blicke auf Altenfelden und über die Schulter zurück nach Allersberg. Dann senkt sich der Flurweg hinab. Jetzt nur nicht zu schnell den Flurweg hinabgesaust, sonst kriegen wir die Kurve nicht mehr, die unter der Autobahn hindurchführt. Wir radeln geradewegs über die Straße und den nächsten Flurweg entlang. An einer weiteren Straße empfängt uns bereits der kühle Wald. Gerade an heißen Tagen radeln wir mit Vergnügen auf einem schönen Waldweg geradewegs bis zur 2 / Weiheranlage Guggenmühle.

EINHEIMISCH X MEDITERRAN

Diese Mischung sorgt im 3 / Kupferkessel für einen außergewöhnlichen Kick – wie Steinbuttgelee im Glas oder tomatisierte Spargel-Bärlauchsuppe.

Mit Gaumenschmaus zum Kanal

Jeder Meter zwischen den Weihern hindurch ist ein Genuss. Dahinter geht's über weichen Waldboden weiter ins Wasserschutzgebiet. Durch den Wald und an Feldern vorbei erreichen wir wenig später Guggenmüle. Wer schon hungrig losgefahren ist, dem empfehle ich hier einen Abstecher nach links in die Dorfmitte zum Restaurant 3 / Kupferkessel. Ein lohnendes Ziel, besonders für Gourmets und Naturverbundene. Die Küche ist kreativ, ohne den Boden unter den Füßen zu verlieren. Das Restaurant ist klein und gemütlich, daher sollte man unbedingt vorher reservieren! Falls wir heute auf den Gaumenschmaus verzichten, biegen wir in Guggenmühle rechts ab. Am Ortsende leitet die Route nach links Richtung Brunnau. Auf schöner Teerstrecke geht's sanft bergab. In Brunnau biegen wir rechts ab. Jetzt aufgepasst, wir sehen schon das gelbe Schild am Ortsausgang leuchten, biegen jedoch bei der letzten Möglichkeit davor unbeschildert links ab. Ein Teersträßlein bringt uns auf einer herrlichen Strecke an Wiesen vorbei und durch wunderschönen Nadelwald westwärts. Am Ende des Waldes baut sich vor uns der Damm des 4 / Main-Donau-Kanals auf. Am Schotterweg weist uns

---

➤ rechts oben / Malerisch schlängeln sich die Wege durch die Weiheranlage Guggenmühle

KM 2,6

Die 2 / Weiheranlage Guggenmühle verzaubert dich mit seiner romantischen und pittoresken Landschaft. In 1 ha Wasserfläche tummeln sich Karpfen, Schleien, Hecht und Zander. Der Brunnbach versorgt die Weiher mit viel frischem, sauerstoffreichem Wasser. Einfach kurz ans Ufer setzen und den Fröschen lauschen.

SCHLEUSE ÜBER SCHLEUSE

Mit Hilfe von 16 Schleusen überwindet der 4 / Main-Donau-Kanal auf seinem Weg 243 Höhenmeter, teils mit einer Hubhöhe von 24,7 Metern.

ein Radschild nach rechts. In wenigen hundert Metern senkt sich der Dammradweg zu uns herab, so dass wir dem breiten und geschotterten Radweg nun wieder Richtung Roth folgen können.

Kanalimpressionen

Die nächste halbe Stunde brauchen wir nicht auf Radschilder oder Richtungswechsel zu achten. Lediglich an einer Kurve verlangsamen wir, vielleicht tut's sogar ein kurzes Klingeln. Hier kann man nämlich nicht um die Ecke schauen und könnte vom Gegenverkehr überrascht werden. Ansonsten rollen wir ganz entspannt am Kanal entlang und erfreuen uns an der Landschaft und ihren Besonderheiten am Wegesrand. Wie beispielsweise die kleinen gelben Teppiche des Mauerpfeffer, der es sich an den Uferhängen gemütlich gemacht hat und die Landschaft mit hellen, gelben Tupfern versieht. Oder die kleine, in Stein gefasste Quelle, die wir nach ungefähr der halben Strecke passieren. In unserem Blickfeld haben wir stets die Schleuse Eckersmühlen, von der wir in Tour 7 schon einen Blick gewagt haben. Sollte gerade ein Schiff in der Nähe sein, dann nehmen wir

uns ruhig die Zeit, hochzuradeln und beim Schleusenvorgang zuzuschauen. Es ist tatsächlich ein äußerst spannender Vorgang, wie das Wasser von der Schleusenkammer ins Unterwasser, also den niedriger gelegenen Flussteil, abfließt, nachdem ein Schiff eingefahren ist. Das Schiff wird dann auf den Wasserstand des Unterwassers abgesenkt. Danach wird das Schleusentor geöffnet und die Fahrt kann weitergehen.

Das Badevergnügen wartet

Auch für uns geht die Fahrt weiter, nämlich weg vom Kanal. An der Schleuse verlassen wir den Kanalradweg und fahren schräg nach links hinauf. Wir passieren ein kurzes Teerstück, dann fahren wir geradeaus kurz durch den Wald Richtung Rothsee. Kurz kräftig in die Pedale treten, dann stehen wir auf dem 5 / Damm des Rothsees. Eine Rastbank lädt ein, einen Augenblick zu verweilen und von hier

171 KM

lang ist der 4 / Main-Donau-Kanal. Die Wasserstraße verbindet den Main bei Bamberg mit der Donau bei Kelheim. Mit ihm entstand eine durchgehende Großschifffahrtsstraße zwischen der Nordsee und dem Schwarzen Meer, die über Rhein, Main und Donau verläuft.

‹ links / Imposant erhebt sich die Schleuse Eckersmühlen ^ oben / Am Rothsee herrscht im Sommer immer großes Hallo

PARDIESISCH…

ist die 7 / Stauwurzel des Rothsee. Das NSG bildet eine Kombi von Auwäldern und Wasserzonen. Da geben sich nicht nur Fisch & Frosch ein Stelldichein.

oben den Blick über den See schweifen zu lassen. Gleich daneben informiert eine Infotafel über die Teichmuschel, die von nicht heimischen Arten immer weiter zurückgedrängt wird. Nachdem wir noch einmal tief die Rothseeluft eingeatmet haben, setzen wir unseren Weg rechts herum fort. Nach ein paar Minuten leitet uns die Route um einen Linksbogen zum 6 / Seezentrum Heuberg. Hier bekommt man wirklich alles, was das Badeherz begehrt: Direkt am Ufer des Sees erstreckt sich ein toller Badestrand, der mit Sand aufgeschüttet wurde. Für Ballsportler gibt es ein Beach-Volleyballfeld, und Hungrige können sich im Gasthaus Rothsee niederlassen.

2006

endete die lange Tradition der Christbaumschmuckproduktion im 9 / Gilardihaus. In Zeiten von billiger Massenware aus Fernost wäre da fast vergessen worden, dass der weihnachtliche Schmuck – insbesondere Lametta – seinen Ursprung in Franken hat.

Ufer- und Feldwege nach Allersberg

Schnell lassen wir den Tumult des großen Badestrandes hinter uns und passieren einen kleinen Hafen. Kurz darauf halten wir uns rechts auf dem für Radler vorgesehenen Weg. Er führt uns etwas entfernt vom Ufer entlang, quert bald eine Straße samt Parkplatz und bringt uns schließlich als Sandweg wieder ans Ufer heran. Badeplätze gibt es nun keine mehr, wir sind an der 7 / Stauwurzel des Rothsees angelangt. Dafür erfreuen wir uns jetzt am herrlichen Naturschutzgebiet. Am 8 / LBV Infostand schwenken wir nach links und rollen die letzten Minuten am See entlang. An der Straße geht's links über die Brücke. Direkt danach biegen wir rechts ab und folgen dem Radweg Richtung Eulenhof und Allersberg. Nachdem wir die A9 unterquert haben, halten wir uns kurz vor Eulenhof links. Über Wiesen und Felder, noch schnell die Staatsstraße gequert, erreichen wir Allersberg. Am SV Allersberg biegen wir jedoch rechts ab, um eine kleine Ehrenrunde über die Altstadt zum 9 / Gilardihaus zu bestreiten. Durch's Stadttor geht's dann zurück zum 1 / Sportplatz.

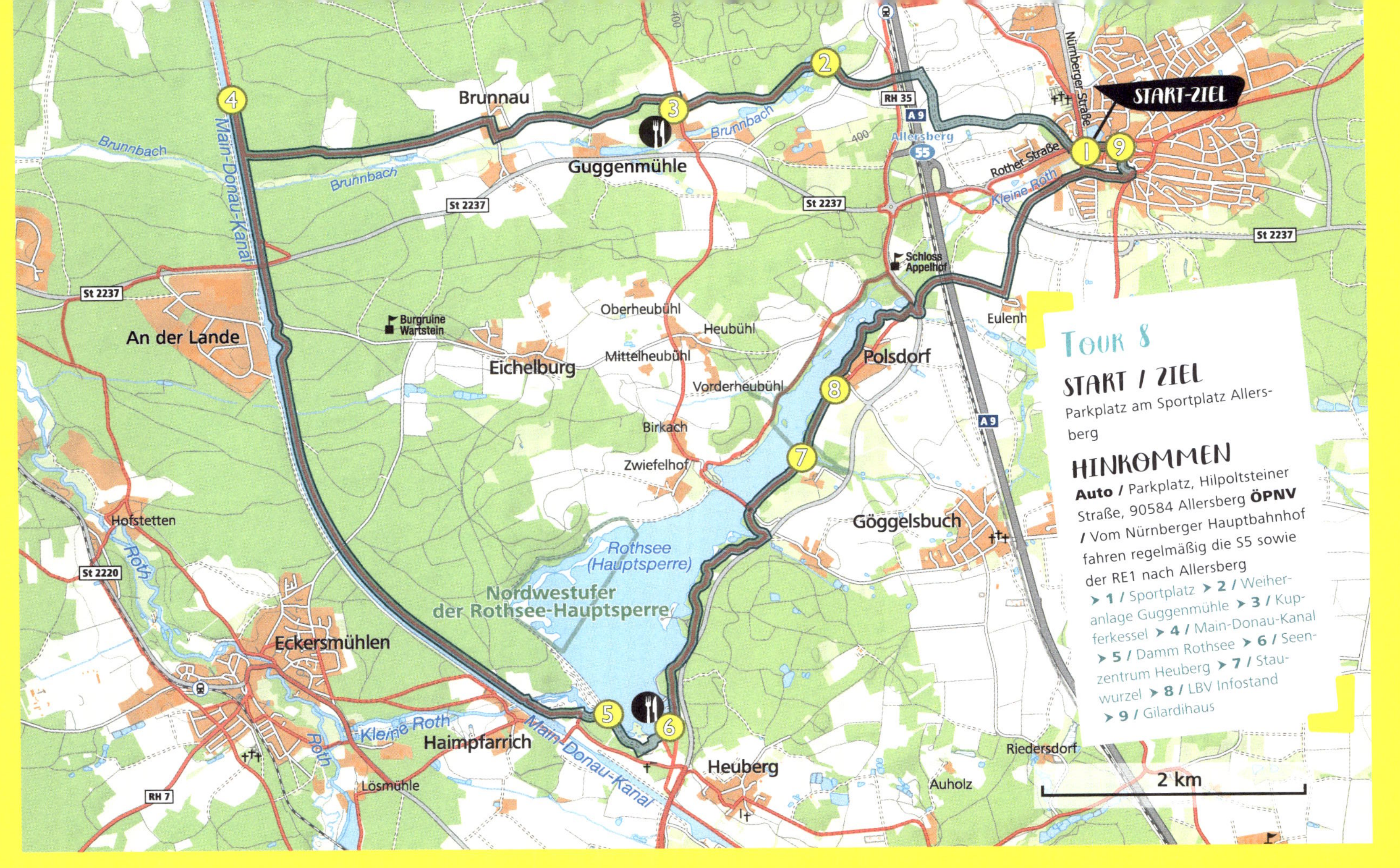

Tour 8

START / ZIEL

Parkplatz am Sportplatz Allersberg

HINKOMMEN

Auto / Parkplatz, Hilpoltsteiner Straße, 90584 Allersberg **ÖPNV /** Vom Nürnberger Hauptbahnhof fahren regelmäßig die S5 sowie der RE1 nach Allersberg

› **1 /** Sportplatz › **2 /** Weiheranlage Guggenmühle › **3 /** Kupferkessel › **4 /** Main-Donau-Kanal › **5 /** Damm Rothsee › **6 /** Seenzentrum Heuberg › **7 /** Staurwurzel › **8 /** LBV Infostand › **9 /** Gilardihaus

GEMÜTLICHER EINSTIEG

Die Fahrt mit der Museumsbahn ist ein Erlebnis für sich. Und ich fühle mich dabei wie auf einer Reise in die Vergangenheit.

➤ **1 /** Im Infozentrum Naturpark Fränkische Schweiz erfahren wir alles Wissenswerte über den Naturpark.

➤ **2 /** Das Gasthaus Sponsel hat einen urgemütlichen Biergarten mit vielen Kastanienbäumen

➤ **3 /** Felsen säumen unseren Weg im Leidingshofer Tal

➤ **4 /** Schloss Unterleinleiter ist mit seinem herrlichen Park eine Augenweide

➤ **5 /** In Gasseldorf gibt es einen schönen Rastplatz mit einer seichten Stelle zum Kneippen in der Unterleinleiter

➤ **6 /** Im Zentrum Ebermannstadt lassen wir den Tag gemütlich ausklingen

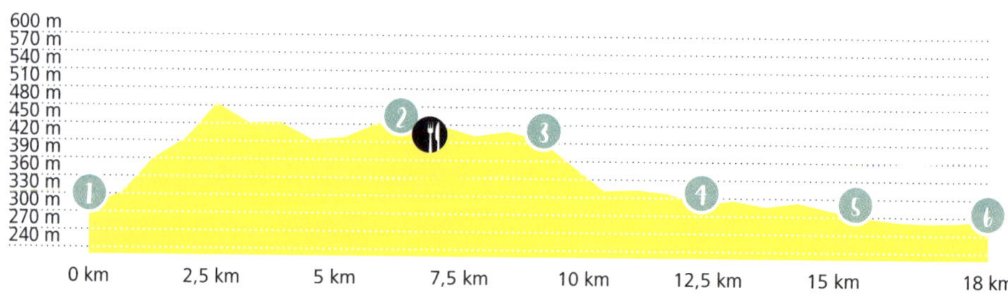

9

DI-DA-DAMPFBAHN

Dampfspaß von Muggendorf nach Ebermannstadt

Die Feierabendrunde beginnt schon recht gemütlich – nämlich mit einer Fahrt mit der Museumsbahn Fränkische Schweiz. Nach einer gemütlichen Überlandfahrt, die erstmal ganz schön steil beginnt, radeln wir durch drei tolle Flusstäler wieder zurück. Eines schöner wie das anderen, aber alle drei doch ganz unterschiedlich.

18 Kilometer
300 Höhenmeter
310 Höhenmeter
1:30 Stunden
Streckentour

Nur Mut für den Dooser Berg

Nachdem wir erst einmal gemütlich von Ebermannstadt durchs Wiesenttal nach Muggendorf gedampft sind, steigen wir an der Bahnstation direkt am 1 / Infozentrum Naturpark Fränkische Schweiz in den Sattel. Der Naturpark umfasst den gesamten Naturraum der nördlichen Frankenalb vom Obermaintal bei Lichtenfels im Norden bis zum Pegnitztal bei Hersbruck im Süden. Ihr Kerngebiet wird von der Wiesent durchflossen. Eben diese queren wir gleich einmal und

CHARAKTER
Sportlich ●●●○○
Abkühlung ●○○○○
Schlemmen ●●●○○
Panorama ●●●○○

TOUR, DIE DU SO NIE GEMACHT HÄTTEST

TOURENINFO / Die Route führt vornehmlich über asphaltierte Radwege und wenig befahrene Sträßchen. Lediglich zum Ende hin fahren wir durchs Wiesenttal auf einem geschotterten Weg. Muskeln anspannen heißt's am Dooser Berg.

< links / Unübersehbar dampft sich die Museumsbahn durchs Wiesenttal

fahren direkt nach der B 470 rechts in den Wiesentweg hinein. Am Gasthaus Brückla vorbei – hier kann man sehr schön an der Wiesent sitzen – geht's mit der Straße links herum auf den Lindenberg hinauf. Achtung, ab jetzt wird es längere Zeit steil! Die Straße führt uns aus dem Ort hinaus. Kurz darauf gabelt sie sich. Wir halten uns links weiter auf dem Lindenberg, der nun schnell in den Dooser Berg mündet. Über einen Kilometer treten wir kräftig bergan. An einem Parkplatz und Flurbereinigungsdenkmal schickt uns das Radschild nach links Richtung Albertshof.

Über Felder und Dörfer

Links herum geht's abwärts, wir können kurz entspannen. Doch schon bald steigt der schmale Teerweg wieder an. Dann radeln wir an kleinen Wäldchen und an blühenden Rapsfeldern vorbei bis zur Landstraße. Links geht's nach Albertshof. Am Ortseingang stehen schon die nächsten Radschilder bereit. Sie weisen uns den Weg nach links Richtung Oberfellendorf. Der Streckenabschnitt ist richtig angenehm. Er bringt uns über die wenig befahrene Landstraße mit schönen Rundumblicken und stetig sanft abfallend nach Oberfellendorf hinein. Das letzte Stück sausen wir den Berg hinab. Im Ort kommen wir geradeaus direkt am 2 / Gasthaus Sponsel vorbei. Hier können wir durchaus eine kleine Pause im schönen, kastanienreichen Biergarten einlegen. Weiter geht die Fahrt bis zum Dorfbrunnen, dann schwenken wir rechts aus dem Ort hinaus.

BOXENSTOPP

Zwar erst am Anfang der Feierabendtour, aber nach dem Kraftakt Dooser Berg dürfen wir uns durchaus jetzt schon eine Pause im 2 / Gasthaus Sponsel gönnen.

Romantik pur im tiefen Bachtal

Kurz darauf schwenken wir links und fahren auf der ruhigen Straße bis zum Ortsrand von Leidingshof. Hier geht's links, durch den Ort hindurch und auf ein schmales Sträßlein schnell sehr steil hinab. Hier müssen wir ein bisschen aufpassen, immer wieder mal brem-

---

➤ **rechts oben / Der Radweg führt direkt an der Unterleinleiter entlang**

17m

Lang ist das Höhlensystem im Quackenschloss. 2 km südöstlich von Muggendorf liegt diese Höhlenruine auf einer Höhe von 505 Metern. Sie gehört damit zu einem sehr alten Höhlensystem. Die 3 m hohe und 6 m breite Felsengrotte bildet den Eingang zu den Resten dieses imposanten Höhlensystems.

LAADERER TAL

Auch Leidingshofer Tal, ist eines der ältesten Naturschutzgebiete um Bamberg - und das schon seit '86. Im schluchtartigen Juratal erwartet uns Idylle pur.

sen ist sicher nicht verkehrt, da die Straße wirklich extrem steil ist. Wunderschöner Laubwald begleitet uns hinunter ins 3 / Leidingshofer Tal. Unten geht's ein Stück an einer Felswand entlang, links von uns plätschert der Bach durchs Naturschutzgebiet. Es ist eines der ältesten Schutzgebiete in Landkreis Bamberg. In seiner Mitte entspringt der Mathelbach. Sein Wasser ist Grundlage für Feuersalamander oder verschiedene Hochstaudenarten. Weite Bereiche werden traditionell mit Schafen beweidet. Würde dies nicht geschehen, würde das Tal komplett verbuschen.

Das Leinleitertal wartet schon

Das Teersträßlein führt uns direkt nach Veilbronn hinein. Beim Landhaus Sponsel-Regus biegen wir links ab und fahren vor zum Lein-

leiterradweg. Der Radweg führt uns nun stetig nach Süden, mal näher, mal weiter entfernt vom mäandernden Flüsschen Leinleiter. Dabei geht's an Waldrändern und Streuwiesen entlang zum nächsten Ort, dem historischen Rittergut Unterleinleiter. Spannend ist der Blick in die evangelische Pfarrkirche. Sie wurde im gotischen Stil erbaut und beherbergt das Grabmal der Ritter von Streitberg. Und nur einen Pedaltreter vom Radweg entfernt, über die Hauptstraße hinüber, steht das schöne 4 / Schloss Unterleinleiter. Das ehemalige Seckendorff'sche Schloss befindet sich zwar heute in Privatbesitz, ist aber auch von außen toll anzusehen. Der herrliche barocke Schlosspark ist jedoch an festgelegten Tagen für Besucher geöffnet. Wir fahren durch den Ort wieder hinaus ins Grüne. Bald über die ehemalige Verbindungsstraße des Tales. Dann erreichen wir 5 / Gasseldorf. Der Ort ist klein, aber sehr idyllisch. Er hat einen schönen Rastplatz direkt am Fluss – hier können wir die Füße ins seichte Wasser strecken und einfach ein bisschen genießen.

17 HA

groß ist der Park von 5 / Schloss Unterleinleiter. Mit barocken und modernen Elementen wie englischer Gartenkunst und Felsenarchitektur verzaubert die Parkanlage nicht nur uns. An einigen Wochenenden im Juni und Juli gibt's musikalische Veranstaltungen.

Durch die Wiesentauen nach Ebermannstadt

Das letzte Wegstück führt uns durchs Wiesenttal. Wir überqueren die Brücke und halten uns am Ortsausgang links. Das Radschild weist uns den Weg Richtung Ebermannstadt noch einmal über eine

◀ links / Immer wieder säumen Rapsfelder unseren Feierabendride ▲ oben / Zu guter Letzt bummeln wir über den Markplatz Ebermannstadt

DAMPF ODER DIESEL?

Das ist die Frage, bei der Fahrt mit der Museumsbahn. Auf der Webseite findest du die Betriebstage. So oder so, mit beiden Loks ist es ein Vergnügen!

Brücke und gleich darauf unter der B470 hindurch. Kurz begleitet uns noch die Leinleiter, dann biegen wir rechts ab, überqueren das Flüsschen und radeln über einen Schotterweg nach Südwesten. Um uns herum erstrahlen die Wiesen im Wiesenttal herrlich grün, von weitem schillert die Silhouette von Ebermannstadt. Wir kreuzen die Bahngleise und queren ein wenig später die St2685. Dann rollen wir an den Supermärkten vorbei und über die Brücke hinüber – hier steht übrigens das Wasserrad, das Wahrzeichen der Stadt – und ins 6 / Zentrum Ebermannstadt.

Nicht Strecke, sondern Runde – für besonders Ambitionierte
Die Bahnen der Museumslinie verkehren normalerweise nur am Wochenende oder an Feiertagen. Vielleicht möchte man auch einfach nur die Bahn vorbeidampfen sehen und die Runde mit eigener Muskelkraft komplett machen. Dann haben wir die Möglichkeit, direkt von Ebermannstadt weiterzustrampeln. Dafür folgen wir in der Ortsmitte erstmal den Radschildern Richtung Streitberg – durchs Zentrum hindurch und an den Supermärkten vorbei. An der Staatsstraße biegen wir rechts ab und queren die Wiesent. Kurz darauf radeln wir unter der Straße hindurch und strampeln kurz den Schotterweg aufwärts. Dann geht's ganz bequem auf einer breiten, autofreien Teerstraße oberhalb der Wiesent entlang. Am kleinen Freibad Ebser Mare vorbei und dann stetig in Flussnähe, bis wir Streitberg erreichen. Hier gibt es auch ein tolles, frisch renoviertes Freibad mit gemütlichem Biergarten. Unter den wachsamen Augen der Ruine Neideck geht's sachte bergan, dann am Hang entlang durch den lichten Laubwald. Allmählich senkt sich der Weg wieder und wir erreichen wenig später den Bahnhof Muggendorf samt 1 / Infozentrum Naturpark Fränkische Schweiz.

Tour 9
START
Parkplatz an der Bahnstation Ebermannstadt
ZIEL
Ebermannstadt Marktplatz
HINKOMMEN
Auto / Parkplatz, Bahnhofplatz 1, 91320 Ebermannstadt
ÖPNV / Mit dem Zug geht's vom Nürnberger Hbf nach Forchheim. Hier steigen wir in die Bahn nach Ebermannstadt um.
› 1 / Infozentrum Naturpark Fränkische Schweiz › 2 / Gasthaus Sponsel › 3 / Leidingshofer Tal › 4 / Schloss Unterleinleiter › 5 / Gasseldorf › 6 / Zentrum Ebermannstadt
Siegritzberg
Siegritz
Schulmühlbach
Schulmühle
Veilbronn
Aufseß
Leinleiter
Unterleinleiter
Oberfellendorf
Lindenberg 499
Guck-Hüll 509
St 2186
Albertshof
FO 39
FO 35
Streitberger Schild 368
Streitberg
Burgruine Neideck
Muggendorf
Wöhr
START
St 2187
Gasseldorf
Naturpark Fränkische Schweiz - Frankenjura
Wiesent
B 470
FO 34
Knappenberg 517
Rothenbühl
Zuckerhut 515
Birkenreuth
Ramster
Kreuzberg 529
Ebermannstadt
Buchberg 561
ZIEL
Wohlmuthshüll
Schlüsselstein 499
Moggast
2 km

Polizei
Einbahnstraße
Buch und Büro
Schmid
Buch und Büro

CHARMANTES FACHWERK begegnet uns immer wieder auf unseren (ent-)spannenden Feierabendtouren.

MEHR ERFAHREN

SPANNENDE TAGESTOUREN, DIE JEDER SCHAFFT

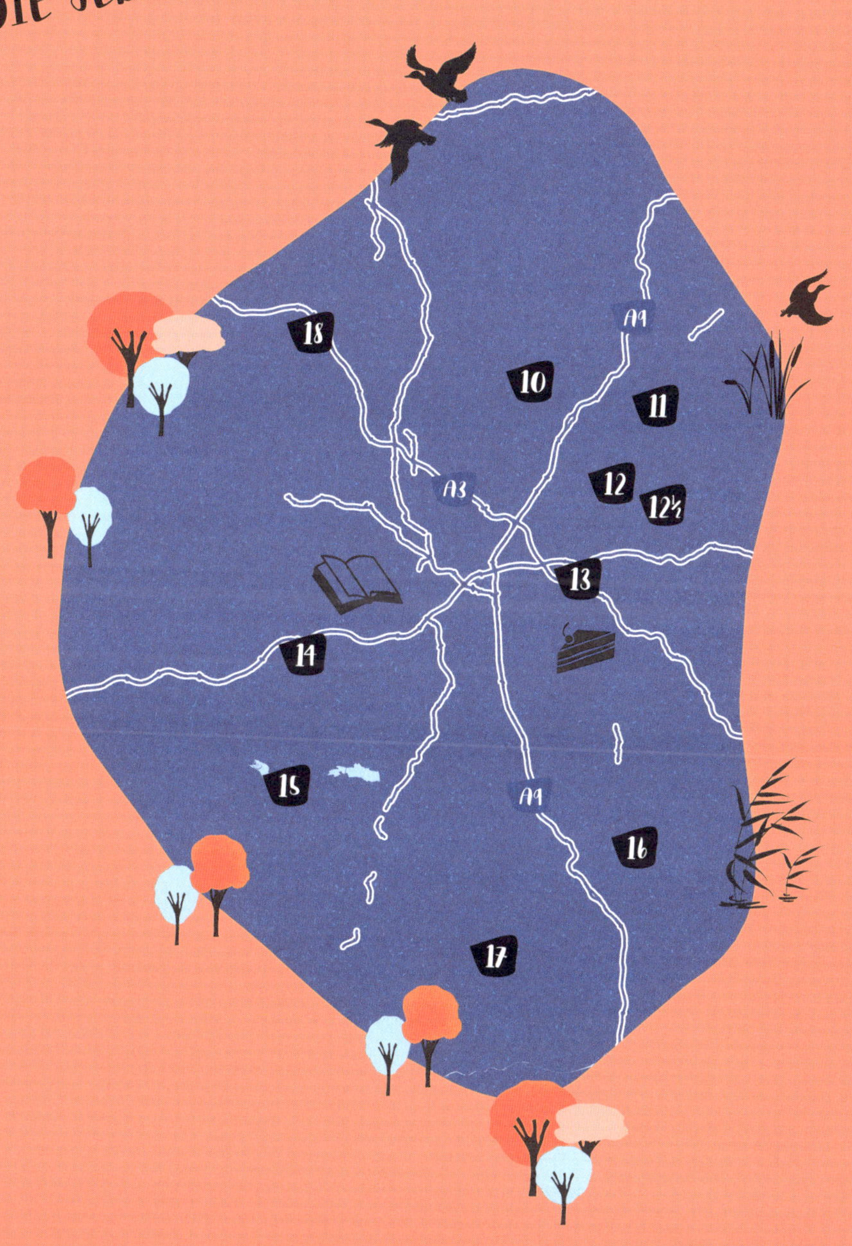

BIERGARTEN ODER APFELBAUM

Auf dieser Runde locken mich nicht nur die vielen gemütlichen Biergärten. Vielerorts kann ich mich einfach auch auf eine Wiese unterm Obstbaum legen.

› **1 /** Am Bahnhof Gräfenberg beginnt und endet unsere Runde

› **2 /** Die Klosterbrauerei Weißenohe entstammt dem ehem. Kloster St. Bonifatius zu Weißenohe

› **3 /** Unheimlich und ehrwürdig zugleich präsentiert sich die Leichenlinde

› **4 /** Das Wasser der Lillachquelle sprudelt aus einer kleinen Felshöhle in 463 m Höhe

› **5 /** Hiltpoltstein ist ein historisches Kleinod

› **6 /** Am Großenoher Bach gibt es neuerdings einen Bibersee

› **7 /** Zeit für eine Kaffee- und Kuchenpause im Café Mühle

› **8 /** Der Barockgarten ist zwar privat, aber auch von außen toll anzusehen

› **9 /** Die Brauerei Seitz ist eine der vielen kleinen fränkischen Brauereien

› **10 /** Versteckt hinter Obstbäumen ist die Dreifaltigkeitskapelle leicht zu übersehen

› **11 /** Die Kasberger Linde steht auf einen Stock gestützt

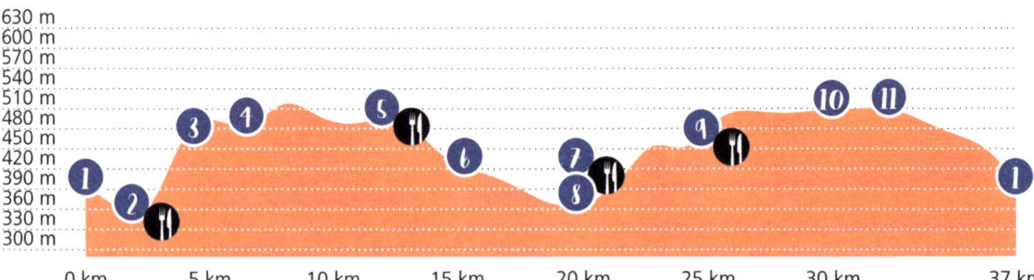

BIER, BURGEN & BERGE

Hopfenfelder und Brauereigaststätten rund um Gräfenberg

Die Runde ist landschaftlich sehr abwechslungsreich und reicht von Streuobstwiesen bis Hopfenfeldern. Sogar eine Karstquelle säumt unseren Weg. Aber auch die malerischen Städtchen sind ein Genuss – nicht nur was das leibliche Wohl betrifft!

37 Kilometer
600 Höhenmeter
600 Höhenmeter
4 Stunden
Rundtour

Übers Klosterbräu zu den Streuobstwiesen

Am 1 / Bahnhof Gräfenberg richten wir uns zunächst einmal nach dem Radweg Richtung Igensdorf. Ganz gemütlich gleich zu Beginn rollen wir eine Trasse am Bach entlang hinab. Nach ein paar Minuten schwenken wir nach dem Sportplatz nach links und queren die Gleise. In Weißenohe verlassen wir die Radschilder und folgen der Hauptstraße erst einmal links herum an der 2 / Klosterbrauerei Weißenohe vorbei. Es geht leicht bergan, kurz darauf biegen wir rechts in die Dorfstraße, geradeaus aus dem Ort

CHARAKTER

Sportlich ●●●●●
Abkühlung ●●○○○
Schlemmen ●●●●○
Panorama ●●●●○

TOURENINFO / An manchen Abschnitten fahren wir ohne Beschilderung, daher gut aufgepasst zwischen Weißenohe und Lillach sowie zw. Egloffstein und Neusles! Nach Weißenohe geht's zwei km bergauf, hier ist ein wenig Ausdauer gefrat. Zwischen Neusles und Kasberg gibt es ein paar unangenehme Schotterabschnitte.

‹ links / Egloffstein ist mit seiner imposanten Burg schon von weitem sichtbar

hinaus. Kontinuierlich geht's aufwärts, am Ende der Straße schräg rechts in die Hüttenbacher Straße. An der Gabelung halten wir uns links auf einen Flurweg. Nach den letzten Häusern fahren wir an der Gabelung mit Bank rechts herum. Mit einem herrlichen Blick auf Weißenohe geht's an Streuobstwiesen vorbei. Bei der nächsten Kreuzung biegen wir links ab und treten wider bergan.

Natur pur bis zur Quelle der Lillach

Nicht lange, da kommen wir an der 3 / Leichenlinde vorbei. Im Schatten dieses schönen Baumes machen wir eine kurze Verschnaufpause. Der Weg führt weiter über groben Schotter und endet an einem Sträßchen. Wir folgen ihm nach links, zwischendurch blinken wieder hier und da Radschilder auf. Wir fahren nun stetig geradeaus. An einer Wiese mit einer Gabelung halten wir uns links und machen gleich darauf fast eine 180° Drehung. Dann fahren wir auf einem schönen Waldweg zwischen lichtem Baumbestand hindurch. Er macht einen Rechtsbogen am Waldrand entlang und leitet uns schließlich zur 4 / Lillachquelle.

GLAA-LINDN

heißt im Volksmund die 3 / Leichenlinde bei Weißenohe. Sie war Raststätte auf dem Weg von Weißenohe zum Friedhof nach Kirchrüsselbach.

Schilderlos nach Lilling

An der Quelle steht ein kleines Schutzhäuschen. Außerdem kann man sich an heißen Tagen hier sehr gut ein wenig abkühlen. Wir schieben das Rad über das schmale Holzbrücklein, denn hier an der Quelle ist immer viel Betrieb. Nach der Brücke geht's rechts weiter. Der Weg ist nicht beschildert und die ersten paar hundert Meter ein bisschen steinig und beschwerlich zu fahren. Doch nach und nach bessert sich der Untergrund auf dem Waldweg und an ein Sträßlein. Wir folgen ihm nach links und erreichen kurz darauf die Ortsmitte von Lilling.

➤ rechts oben /Blütenmeer im Mai: Streuobstwiesen oberhalb von Weißenohe

KM 1,9

In Weißenohe begrüßt uns nicht nur die **2 / Klosterbrauerei Weißenohe**, die als älteste Brauerei Oberfrankens noch aktiv ist. Der Ort ist auch Einstieg für den 5-Seidla-Steig. Dem Kloster mit seiner barocken Kirche solltest du unbedingt einen kurzen Besuch abstatten.

KALKMAGER-RASEN

An den Hängen über Großenohe wachsen diese blütenreichen Wiesen auf kalkhaltigem Untergrund. Sie entstanden durch jahrhundertelange Beweidung oder Mahd.

Goldener Hopfen

In Lilling können wir uns wieder nach den Radschildern richten. Sie weisen uns nach rechts Richtung Hiltpoltstein. Übrigens: Wen schon der Hunger plagt, wird hier seine helle Freude haben. Gleich rechts in der Scheune steht ein Holzschrank, in dem es Allerlei zu Schnabulieren gibt: selbstgemachte Marmelade und Plätzchen, Obst oder Nüsse. In einer Kühlung gibt es Getränke und sogar Eis. Eine Kasse steht anbei. Gestärkt fahren wir aus Lilling hinaus. Schnell begleiten uns links und rechts weitläufige Hopfenfelder, die im Sommer goldgelb leuchten. Durch Wölfersdorf hindurch und an der St 2241 links, geradewegs auf 5 / Hiltpoltstein zu.

Auf stillen Wegen ins Trubachtal

Unser Radweg führt zwar am Ortsrand vorbei, aber falls man ein bisschen Zeit mitbringt, lohnt sich ein Abstecher nach 5 / Hiltpoltstein. Der Ort hat einen entzückenden Stadtkern mit altem Stadttor und der imposanten Burg. Unsere Radschilder schicken uns an der Hauptstraße nach links, an der nächsten Möglichkeit nach

150 Metern wieder rechts. Die Schoßaritzer Straße bringt uns aus dem Ort hinaus. Am Ortsende wechseln wir gleich nach links auf einen Schotterweg nach Großenohe. Ein wenig holprig geht's hinab und die letzten Meter über die Straße nach Großenohe. Im Ort schwenken wir nach rechts und folgen dem Großenoher Bach an der Spießmühle vorbei in ein herrliches Bachtal. Unweit hinter den letzten Häusern sehen wir zu unserer Linken den 6 / Bibersee: Hier haben die kleinen Kerle ganze Arbeit geleistet. Ein Weilchen fahren wir am Bach entlang, dann erreichen wir die St 2260. Wir queren sie schräg nach links und fahren ein Teersträßlein hinauf. Mit herrlichen Blicken auf Egloffstein fahren wir jetzt durchs Trubachtal.

22.000

Biber gibt es mittlerweile in Bayern. Der 6 / Bibersee bei Großenohe ist dabei eines von geschätzt 6.000 Revieren. Hier war den Nagern der Großenoher Bach zu flach. Sie haben ihn aufgestaut. Durch den entstandenen See ist die Biberburg unter Wasser geschützt.

Zerstreuung in Egloffstein

Am großen Parkplatz am Ortsteingang von Egloffstein fahren wir geradeaus auf die schmale Badstraße. Dann queren wir ein Brücklein über die Trubach, am Spielplatz vorbei zum 7 / Café Mühle. Hier können wir erstmal eine verdiente Pause einlegen und Kräfte sammeln. Es geht nämlich gleich knackig weiter. Vom Café geht's vor zur Talstraße und dann links. Gleich darauf fahren wir – wieder schilderlos – in die Angerstraße hinauf. An der nächsten Straßengabelung biegen wir um 180° auf die Paradiesstraße ein. Sie bringt

‹ links / Kleine Leckereien im Selbstbedienungsschrank in Lillach ˄ oben / Tolle Gravel-Bike Strecke am Großenoher Bach

uns weiter aufwärts zum 8 / Barockgarten. Aber auch den Blick auf die andere Seite vergessen wir nicht, denn von hier aus zeigt sich die Burg Egloffstein in einem ganz und gar prächtigen Bild! Wir setzten unseren Weg fort und folgen dem Sträßlein oberhalb der Stadt um einen Rechtsbogen. An der Markgrafenstraße biegen wir scharf links ein und fahren aufwärts aus dem Ort hinaus.

Brauereien am Fünf-Seidla-Steig

Kurz nach dem Ortsausgang halten wir uns links Richtung Thuisbrunn. Kurz geht's nochmal aufwärts, dann sausen wir immer schneller die Straße hinab und nach Thuisbrunn hinein. Beim Gasthof der 9 / Elch Bräu biegen wir rechts ein. Nun geht's immer geradeaus bergan. Während wir stoisch und entspannt den Berg hinauftreten, haben wir einen netten Zeitvertreib: Es ist recht amüsant, zuzusehen, wie die Wanderer des Fünf-Seidla-Steiges schon am frühen Nachmittag sturzbetrunken die Wiesen hinabpurzeln. Wir folgen der Landstraße nach Hohenschwärz zum Brauereigasthof Hofmann. Kurz darauf geht's rechts, aus dem Ort hinaus und an den Sportplätzen vorbei nach Neusles.

5-SEIDLA-STEIG

Eigentlich für Wanderer - auf den Spuren fränkischer Braukultur. Wir kreuzen ihn auch, bei der 2 / Klosterbrauerei Weißenohe & dem 9 / Elch Bräu.

>1000

Jahre können Linden alt werden. Auf unserer Tour ist es die Kasberger Linde, die ein solch stattliches Alter anstrebt. Das Naturdenkmal ist eine Sommerlinde und wird auf 600-1000 Jahre geschätzt, so genau kann man das schon nicht mehr sagen.

Über Streuobstwiesen zurück

An der Bushaltestelle schicken uns die Radschilder nach rechts über einen Flurweg Richtung Haidhof. Wir bleiben nun auf dem Hauptweg, an einer Dreieckskreuzung fahren wir geradeaus bis zu einem Querweg. Die Schilder leiten uns schräg rechts hinüber Richtung Kasberg. Achtung, der folgende Wegabschnitt enthält einige unangenehme Schotterstellen. Kurz darauf biegen wir links ab. An der 10 / Dreifaltigkeitskapelle queren wir die Landstraße und kommen an Streuobstwiesen und einem neu gebauten Solarfeld vorbei. Die Radschilder leiten uns zur Landstraße, kurz davor knicken wir jedoch nach rechts und folgen einem Schotterweg. Er endet wiederum an einer Landstraße, die uns links herum nach Kasberg und zur 11 / Kasberger Linde bringt. Wir durchqueren den Ort und bei den letzten Scheunen biegen wir rechts ein. Vor der Straße folgen wir einem breiten Weg nach links. An einem Hof geht's rechts auf schmaler Straße am Gewerbepark Hill vorbei und dann rechts hinab in die Stadt und zurück zum 1 / Bahnhof Gräfenberg.

◂ links / Uriger Biergarten vom Gasthof Seitz ▴ oben / Die Kasberger Linde braucht in ihrem Alter einen Stock als Stütze

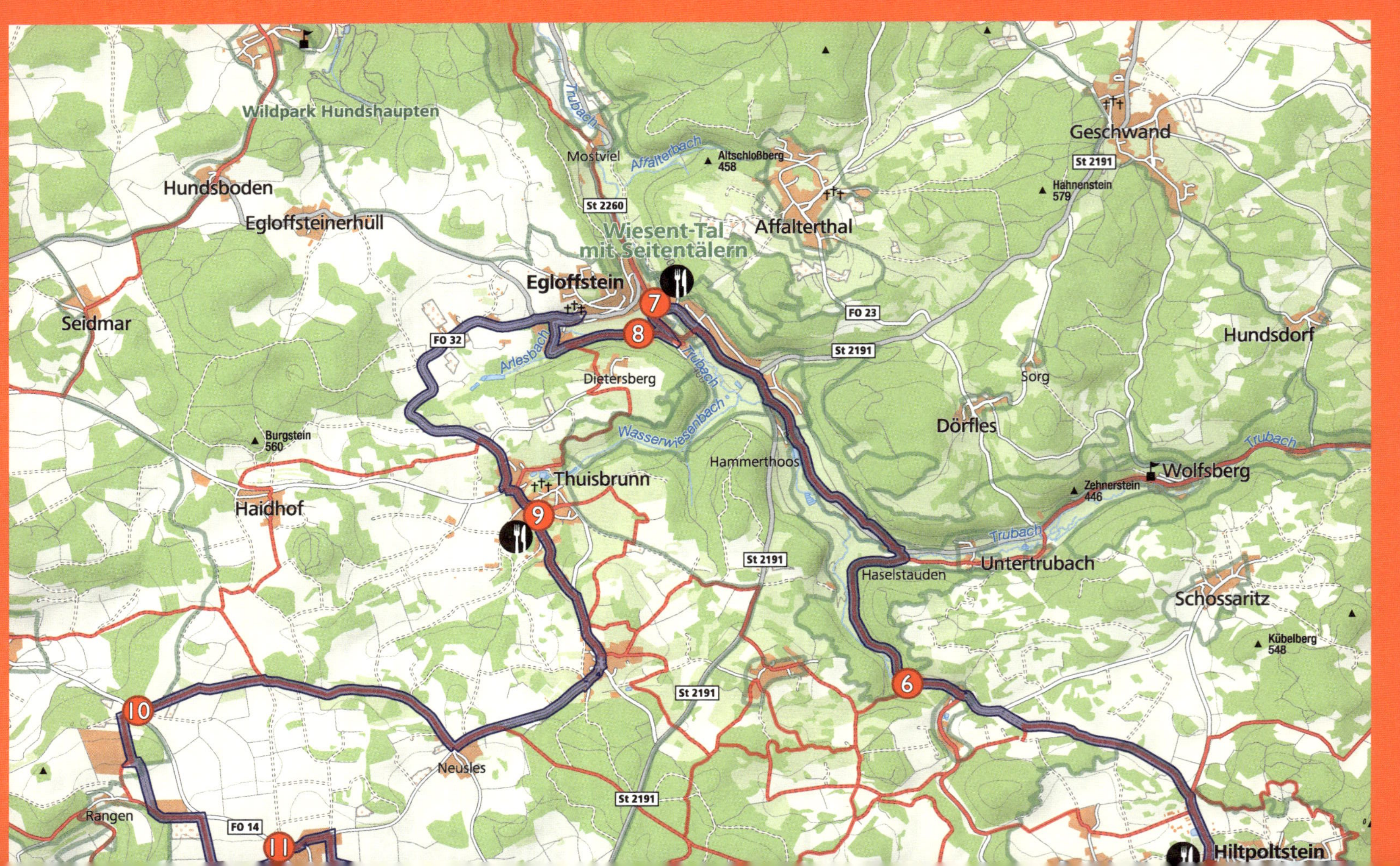

Wildpark Hundshaupten
Hundsboden
Egloffsteinerhüll
Seidmar
Burgstein
560
Haidhof
Mostviel
Trubach
Affalterbach
Altschloßberg
458
St 2260
Wiesent-Tal
mit Seitentälern
Affalterthal
Egloffstein
7
8
FO 32
Arlesbach
Dietersberg
Wasserwiesenbach
Hammerthoos
Thuisbrunn
9
Geschwand
St 2191
Hahnenstein
579
FO 23
Hundsdorf
Sorg
Dörfles
Wolfsberg
Zehnerstein
446
Untertrubach
Haselstauden
Schossaritz
Kübelberg
548
6
10
Neusles
Rangen
FO 14
11
Hiltpoltstein

Tour 10

START / ZIEL

Parkplatz Bahnhof Gräfenberg

HINKOMMEN

Auto / Parkplatz, Bahnhofstraße 50, 91322 Gräfenberg
ÖPNV / Vom Nürnberger Nordostbahnhof mit dem Regionalzug nach Gräfenberg.

➤ **1 /** Bahnhof Gräfenberg ➤ **2 /** Klosterbrauerei Weißenohe ➤ **3 /** Leichenlinde ➤ **4 /** Lillachquelle ➤ **5 /** Hiltpoltstein ➤ **6 /** Bibersee ➤ **7 /** Café Mühle ➤ **8 /** Barockgarten ➤ **9 /** Brauerei Seitz ➤ **10 /** Dreifaltigkeitskapelle ➤ **11 /** Kasberger Linde

COOL DOWN!

Ich radle diese Tour sehr gerne im Hochsommer. Im schattigen, kühlen Wald lässt sich's gut den ganzen Tag aushalten.

➤ **1 /** Am Bahnhof Velden bei Hersbruck schwingen wir uns in den Sattel

➤ **2 /** Das Geisloch liegt 3 Minuten vom Weg entfernt im Wald

➤ **3 /** Markt Plech wartet mit einer hübschen Kirche und vielen Gasthöfen

➤ **4 /** Der Gasthof Seitz lockt mit einem hübschen kleinen Biergarten

➤ **5 /** Der Schmierhüttenfelsen fällt uns sofort ins Auge

➤ **6 /** Der Torbogen trägt seinen Namen nicht umsonst

➤ **7 /** In Michelfeld verpassen wir nicht die herrliche Wallfahrtskirche

➤ **8 /** Das Grenz-Zoigl ist eine tolle Wirtschaft in Ranna

➤ **9 /** Bescheiden wartet die kleine Kirche St. Maria Magdalena bei Ranna auf Besucher

➤ **10 /** In der Namenlosen Höhle finden allerlei Tiere Unterschlupf

➤ **11 /** Die Maximiliansgrotte ist eine tolle Schauhöhle oberhalb von Neuhaus a.d. Pegnitz

➤ **12 /** Einen letzten Stopp machen wir in Neuhaus a.d. Pegnitz

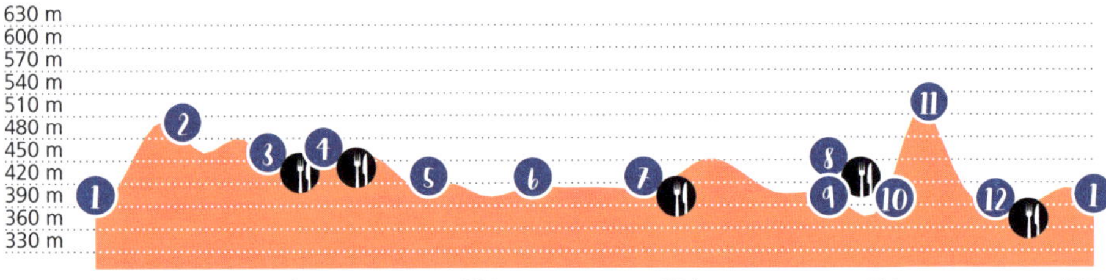

FELSEN UND HÖHLEN

Auf Höhlenerkundung durch den Veldensteiner Forst

Unsere heutige Radrunde ist nichts für schwache Muskeln, wie die Kategorie schon vermuten lässt. Dabei geht's in Velden im Nürnberger Land schon gleich zu Beginn streng zur Sache – was die Anstiege betrifft. Durch den schönen Veldensteiner Forst geht's in die Oberpfalz. Bei Ranna erwarten uns dann die idyllischen Pegnitzauen. Nach einer Stärkung rollen wir zum Ende hin dann ganz gemütlich an der Pegnitz zurück nach Velden.

50 Kilometer
815 Höhenmeter
815 Höhenmeter
4:30 Stunden
Rundtour

Aus dem oberen Pegnitztal in den tiefen Wald

Wir radeln am 1 / Bahnhof Velden los. Die Straße hinab und durch den Ort hindurch. Vor der Linkskurve machen wir einen Rechts-Links-Schwenk in die Mühltorstraße und durchs Mühltor hindurch. In einem Rechtsbogen geht's dann aufwärts. Wir kreuzen

CHARAKTER

Sportlich ●●●●●
Abkühlung ●○○○○
Schlemmen ●●●●●
Panorama ●●●●○

TOURENINFO / Rund um Neuhaus, Velden und Plech fährt man auf gut geteerten Radwegen und wenig befahrenen Straßen. Im Veldensteiner Forst und in den Pegnitzauen sind aber schon mal Waldwege und recht grob geschotterte Wege dabei. Die Anstiege sind nicht so steil, aber dafür teils lang!

< links / An den Pegnitzauen lässt sich's herrlich radeln

die nächste Straße und folgen weiter der Plecher Straße, jetzt in einem Linksbogen stetig recht steil bergauf aus dem Ort hinaus. Ein paar Meter müssen wir uns noch anstrengen, dann sausen wir doch glücklich wieder hinab. Doch nur nicht zu schnell, an einem Holzschild müssen wir nämlich links auf einen Feldweg abbiegen. Der leicht geschotterte Forstweg leitet uns an Wiesen und Feldern vorbei, bis uns an der nächsten Gabel die Route nach rechts in den Wald führt. Einmal durchatmen, denn jetzt heißt es wieder treten! Wir radeln nun gute zehn Minuten aufwärts. Beim Waldaustritt an der Ruhebank biegen wir rechts ab und schnell nimmt uns der Wald wieder in seine Arme. Einen halben Kilometer später passieren wir die 2 / Geislochhöhle.

VELDENSTEINER FORST

Herrliche Fichten- und Kiefernwälder bedecken eine Fläche von 70 km² aus. Damit ist er eines der größten zusammenhängenden Waldgebiete Bayerns.

Über die Felder nach Plech

Schon bald rollen wir abwärts, an einer Lichtung entlang und auf grob geschottertem Weg und bald einen Teerweg hinab und hinauf. An der Landstraße geht's nach Viehofen und links durch den Ort hindurch. An der FFW schicken uns die Radschilder nach links. Immer schneller sausen wir hinab, ist auch gut so, denn wir brauchen den Schwung für den nächsten Hügel. Beim Infoschild über den Burgstall Konradshof biegen wir rechts ab, am Hochsitz vorbei und am Waldrand entlang. Vorsicht, auf diesem Abschnitt gibt es einige Schlaglöcher! Gemütlich rollen wir hinab. Ein Teersträßchen bringt uns bald nach 3 / Markt Plech. An der Hauptstraße halten wir uns links und fahren durch den Ort, bis wir nach nur wenigen hundert Metern einem unscheinbaren Sträßlein nach rechts folgen.

Waldfahrt

Sie führt uns nun ein gutes Stück hinauf, aus dem Ort hinaus und hinab zur Vorfahrtsstraße. Wir halten uns rechts, am Sportplatz vorbei

---

➤ **rechts oben / In Velden fahren wir durch die schöne Altstadt**

KM 4,4

Die **2 / Geislochhöhle** ist eine der ältesten bekannten und befahrenen Höhlen der fränkischen Alb. Die 145 Meter lange Höhle wurde vor allem durch prähistorische Funde aus verschiedensten Zeiten bekannt. Im 17. & 18. Jhdt. wurde hier Lehm zu Heilzwecken abgebaut. Heute wird die Höhle von Fledermäusen bewohnt.

WOLFSGEBIET

Über 100 Jahre war der Wolf bei uns ausgestorben. 2017 tauchte der erste Rückkehrer im Veldensteiner Forst auf, seit kurzem gibt es sogar Nachwuchs.

nach Bernheck. An der großen Kreuzung in der Ortsmitte können wir uns im gemütlichen 4 / Gasthof Seitz eine kleine Pause gönnen. Dann folgen wir der Straße Richtung Mosenberg, die uns bald immer tiefer in den Veldensteiner Forst führt. Wir sind bereits gute zwanzig Minuten auf der angenehm geteerten Straße unterwegs, da fällt unser Blick auf einen markanten Felsen an der linken Straßenseite. Es ist der 5 / Schmierhüttenfelsen. Kurz darauf folgen wir dem Radschild nach links Richtung Horlach. Ein Waldweg steigt nun relativ steil an und scheint noch einmal tiefer in den Wald zu führen.

Wo der Zaunkönig pfeift

Rasch haben wir doch wieder den Waldrand erreicht und radeln nun mit dem schönen Weg an saftigen Wiesen und an Obstbäumen vorbei. Überall um uns herum singt, zwitschert und pfeift es jetzt. Wir radeln auf einem schmalen Teerweg, der sich durch die

Auen schlängelt und uns aus dem Landschaftsschutz- ins Naturschutzgebiet leitet. Nach einigen Minuten kommen wir an einer kleinen Kapelle vorbei und kurz darauf biegen wir vor einer Bahnunterführung links Richtung Michelfeld ab. Links schimmern ein paar Weiher herüber, zu unserer Rechten wird der Weg von Hecken gesäumt, aus denen ein Vogelkonzert tönt und immer wieder ein Piepmatz wie ein Pfeil herausgeschossen kommt. Zum Glück haben wir einen Fahrradhelm auf!

wurden die letzten Häuser von Fischstein abgerissen. Gedenktafeln & -steine erinnern daran. Wie einige andere Orte mussten sie einer Bahnstrecke und der Erschließung von Trinkwasserquellen für die Versorgung Nürnbergs weichen. Nur die Kapelle durfte bleiben.

Mit der Pegnitz nach Michelfeld

Nach zehn Minuten sehen wir zu unserer Rechten ein wenig erhöht wieder eine markante Gesteinsformation, den 6 / Torbogen. Kurz darauf biegen wir an der Dreieckskreuzung nach rechts ab und folgen dem steil und stetig ansteigenden Weg Richtung Michelfeld. Tipp: Wer es nicht so steil mag, kann an der nächsten Weggabelung rechts abbiegen. Dieser Weg führt auch nach Michelfeld, ein wenig länger jedoch, aber nicht so steil. Nach einer viertel Stunde verlassen wir den Wald unter der Bahn hindurch und kommen am alten Bahnhof von Michelfeld vorbei. Es geht über die B 85 und ins Zentrum von 7 / Michelfeld. An der Hauptstraße biegen wir rechts ab Richtung Auerbach. Am Ortsausgang halten wir uns links, am

◂ links / Schon von weitem sehen wir das malerische Plech ▴ oben / An der Fischsteinkapelle können wir eine schöne Rast machen

Busstopp vorbei und zum Kreisverkehr hinauf. Wir verlassen ihn geradeaus, überqueren die B85 und biegen in der Linkskurve rechts auf einen unmarkierten Schotterweg steil abwärts ein.

Zurück in die Zivilisation

Wir halten uns links und erreichen bald eine Teerstraße, der wir eine Weile folgen. An einer Gabelung, kurz nach der Waldeinfahrt, halten wir uns rechts. Ein längerer Waldabschnitt führt uns an die bekannte Unterführung. Hier biegen wir um die Linkskurve und radeln zwischen Waldrand und Pegnitz entlang, bald über die Wiesen und bis nach Ranna zum 8 / Grenz-Zoigl. Gegenüber der Wirtschaft folgen wir dem Stäßlein zur Staatsstraße, überqueren sie und rollen über einen Schotterpfad zur Kapelle 9 / St. Magdalena. Ein paar Meter müssen wir nun leider der stark befahrenen Straße folgen, dann schwenken wir nach links, auf breitem Schotterweg in den Wald. Nach einem Weiher und einem waldfreien Stück halten wir uns an der ersten Gabel wieder im Wald rechts hinauf. Kurz darauf stehen wir an einer 10 / Namenlosen Höhle. An der nächsten großen Kreuzung halten wir uns rechts Richtung Krottensee. Der Wald wird lichter und

FÜR HÖHLENFORSCHER

Die 11 / Maximiliansgrotte besticht durch gewaltige Dimensionen und hat ein über 1200 m langes Höhlenlabyrinth.

KM 45

In 12 / Neuhaus a.d. Pegnitz wird seit dem 16. Jhdt. das berühmte Kommunenbier gebraut. Fürstbischof Weigand von Redwitz schenkte das kommunale Braurecht. Dadurch durfte jeder Bier brauen und in seinem Haus ausschenken & verkaufen. Über all dem thront(e) die fürstbischöfliche Residenzburg Burg Veldenstein.

gabelt sich wenig später. Der Forstweg führt uns nach links bald an ein Sträßlein. Wir rollern hinab, unterhalb der 11 / Maximiliansgrotte vorbei und sausen schließlich weiter hinab. In Krottensee folgen wir der Landstraße geradeaus und hinunter nach 12 / Neuhaus a.d. Pegnitz, unter den Gleisen hindurch und kurz danach links zum Bahnhof.

Endspurt an der Pegnitz

Nach der Tankstelle geht's einen schmalen Weg links hinab, kurz an der Pegnitz entlang und über eine blaue Brücke. Wir überqueren sie und durchqueren Finstermühle. Dann radeln wir wieder – mal näher, mal weiter entfernt – parallel zur Pegnitz. Am Ende von Eugenthal führt uns ein sehr schmaler Pfad nah am Pegnitzufer entlang. Bald steigt er kurz, aber steil an und mündet in einem Forstweg. Nach der Holzbrücke radeln wir den letzten Kilometer mit der Straße in unseren Ausgangsort zurück und zum 1 / Bahnhof Velden.

‹ links / Was für ein schöner Blick auf Neuhaus a.d. Pegnitz ˄ oben / Beim Grenz-Zoigl machen wir gemütlich Brotzeit

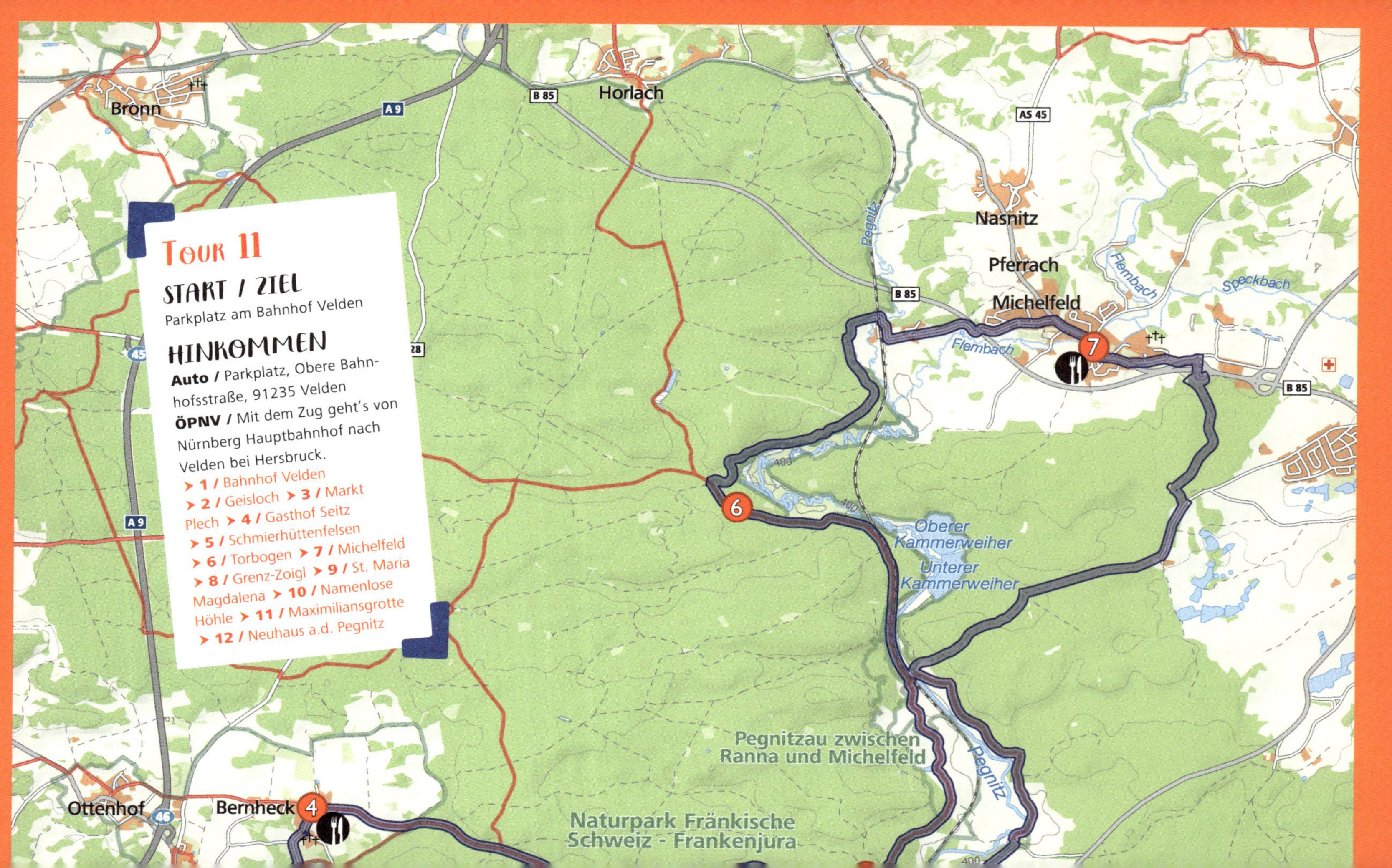

Tour 11
START / ZIEL
Parkplatz am Bahnhof Velden
HINKOMMEN
Auto / Parkplatz, Obere Bahnhofstraße, 91235 Velden
ÖPNV / Mit dem Zug geht's von Nürnberg Hauptbahnhof nach Velden bei Hersbruck.
➤ 1 / Bahnhof Velden
➤ 2 / Geisloch ➤ 3 / Markt Plech ➤ 4 / Gasthof Seitz
➤ 5 / Schmierhüttenfelsen
➤ 6 / Torbogen ➤ 7 / Michelfeld
➤ 8 / Grenz-Zoigl ➤ 9 / St. Maria Magdalena ➤ 10 / Namenlose Höhle ➤ 11 / Maximiliansgrotte
➤ 12 / Neuhaus a.d. Pegnitz
Bronn
Horlach
Nasnitz
Pferrach
Michelfeld
Flembach
Speckbach
Pegnitz
Oberer Kammerweiher
Unterer Kammerweiher
Pegnitzau zwischen Ranna und Michelfeld
Naturpark Fränkische Schweiz - Frankenjura
Ottenhof
Bernheck
B 85
A 9
AS 45
400

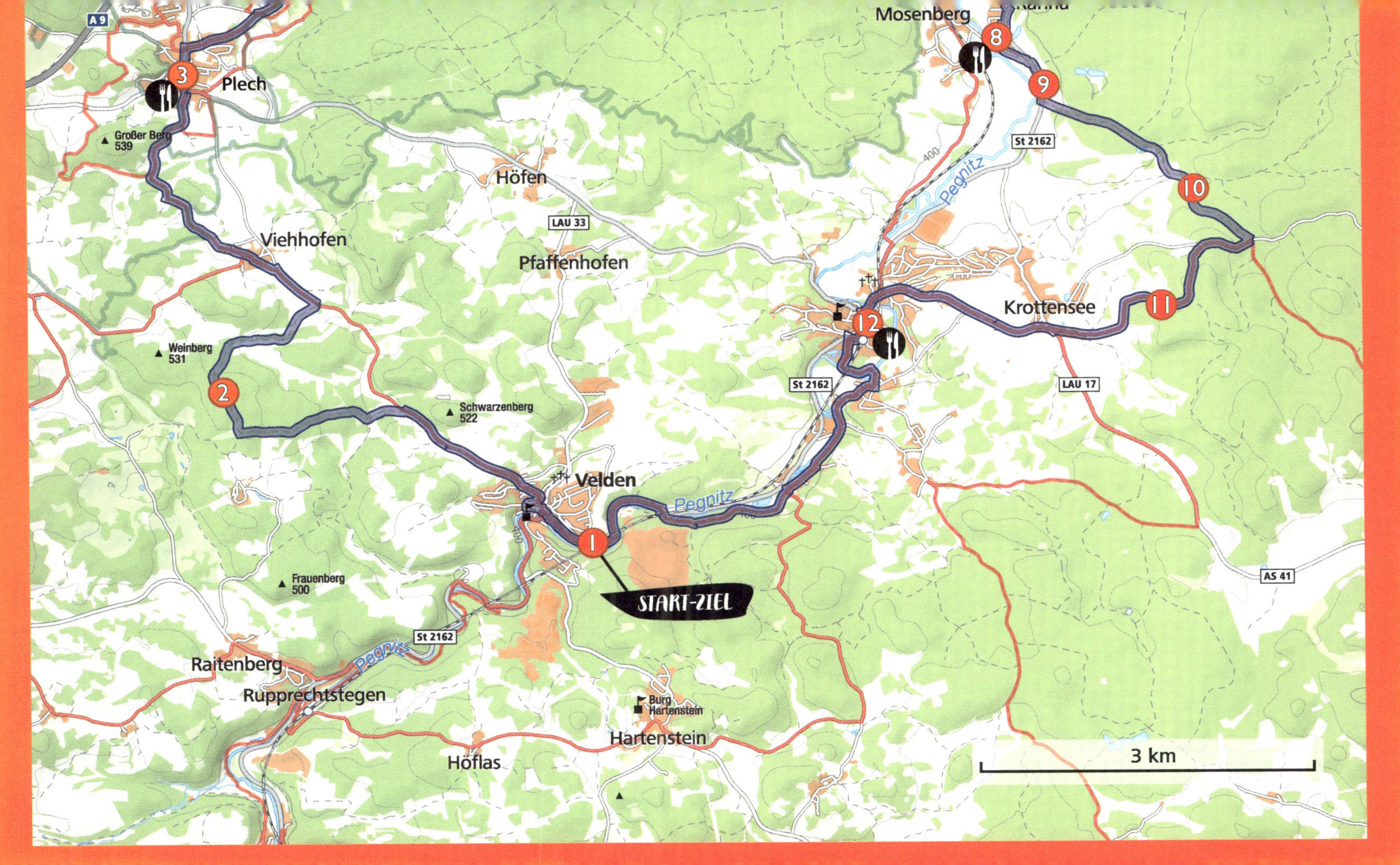

A 9
Plech
Großer Berg 539
Mosenberg
St 2162
400
Pegnitz
Höfen
LAU 33
Viehhofen
Pfaffenhofen
Krottensee
Weinberg 531
Schwarzenberg 522
St 2162
LAU 17
Velden
Pegnitz
Frauenberg 500
START-ZIEL
AS 41
St 2162
Raitenberg
Pegnitz
Rupprechtstegen
Burg Hartenstein
Hartenstein
Höflas
3 km
1
2
3
8
9
10
11
12

ZEIT FÜR NATUR!

Auf dieser Runde nehme ich mir die Zeit für die besonderen Kleinigkeiten am Wegrand, wie das Osterloch oder den Bienenweg.

- **1 /** Am Bahnhof Hersbruck satteln wir auf
- **2 /** Von süßen Früchtchen im Obstsortengarten träumen
- **3 /** Einen meditativen Stop im Augarten einlegen
- **4 /** Im Osterloch hausten einst Tiere und Menschen
- **5 /** Über Neutras erhebt sich der weithin bekannte Neutrasfelsen
- **6 /** An der Hammermühle steht noch ein altes Mühlrad
- **7 /** In Oed können wir in einem tollen Biergarten ein Päuschen einlegen
- **8 /** Der Happurger See schmiegt sich malerisch ins Pegnitztal
- **9 /** An den Seeterrassen finden wir vielfältige Zerstreuung
- **10 /** Der Bienenweg ist ein informativer Lehrweg
- **11 /** Ein letzter Einkehrschwung ins Brauhaus

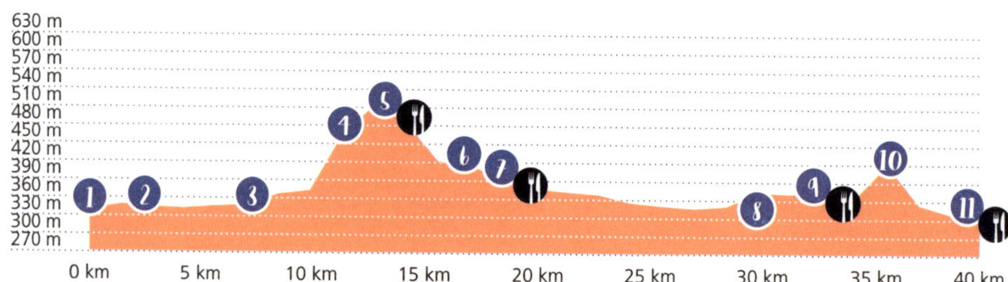

SEE UNTERM RINGWALL

Durch die Hersbrucker Alb zum Happurger See

Heute fahren wir von Hersbruck aus ins schöne Pegnitztal. In einem großen Bogen besuchen wir ein paar hübsche Dörfer und manchen Halt an so manch spannenden Naturplätzen der Hersbrucker Alb, bevor wir am Happurger See den Kelten auf der Spur sind.

40 Kilometer
425 Höhenmeter
425 Höhenmeter
3:30 Stunden
Rundtour

Mit den Gleisen aufs Land

Vom 1 / Bahnhof Hersbruck folgen wir zunächst den Radschildern Richtung Zentrum. Doch gleich an der nächsten Gabelung geht's schon links auf die Grabenstraße. Gleich darauf weist uns die Radbeschilderung nach links, flux über die Gleise gehuscht und auf der anderen Seite nach rechts in die Gartenstraße abgebogen. Ihr folgen wir nun stetig geradeaus, nach einer Straßenquerung geht's weiter über die Eichendorffstraße. Wir bleiben eine gan-

CHARAKTER

Sportlich ●●●○○
Abkühlung ●●●○○
Schlemmen ●●●●○
Panorama ●●●●○

TOURENINFO / Ein Großteil der Runde führt über gut geteerte Wege und Straßen. Vor Neutras und um den Happurger See fährt man über feine Schotterwege. Der Feldweg nach Ellenbach ist ein wenig mühsam. Der letzte Abschnitt ab dem Happurger See ist unbeschildert, aber gut zu finden.

< links / Am Ufer des Happurger Sees lässt es sich prima träumen

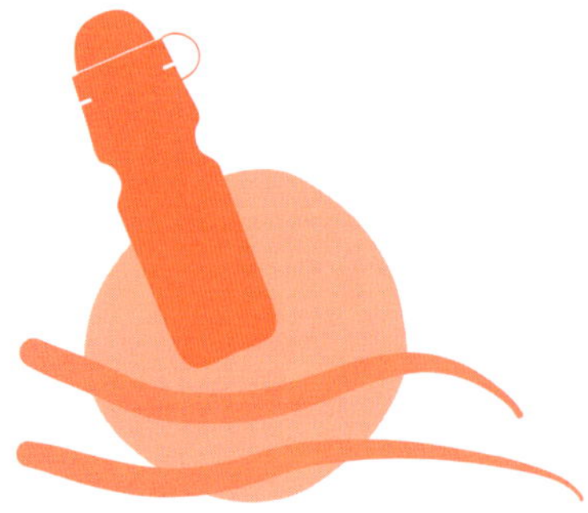

ze Weile dem Weg entlang der Gleise treu. Kurz nach den letzten Häusern kommen wir am 2 / Obstsortengarten vorbei, informativ und idyllisch angelegt. Ein paar Minuten später überqueren wir die Landstraße und auch die Gleise nach rechts, um unseren Weg auf der anderen Seite der Schienen fortzusetzen.

Durch die Pegnitzauen

Der schöne, breit geschotterte Weg führt uns allmählich immer näher an die Pegnitz heran. Ihre Auen begrüßen uns in sattem, leuchtenden Grün. An der nächsten Straßenquerung haben wir das Örtchen Hohenstadt erreicht, an dem sich der Pegnitztal Radweg zu uns gesellt. Wir bleiben unserem Weg weiterhin treu und genießen den schönen Gravelabschnitt durch die Natur. Bald erreichen wir die Landstraße und den 3 / Augarten von Eschenbach. Ein schöner Rastplatz mit Blick auf das Wasserschloss Eschenbach. Wir schwenken nach rechts, überqueren die Pegnitz und biegen am Dorfplatz nochmals rechts ein. Die Radschilder schicken uns am Schloss vorbei und dann links, geradewegs aus dem Ort hinaus. Nach der Parkanlage radeln wir auf ein geteertes Weglein, das uns nun herrlich mit einem kleinen Anstieg durchs kleine Hirschbachtal bringt.

AUKADELN

Ein besonderes Highlight unserer heutigen Tour ist die stetige Flussbegleitung. Ob Nord, Ost, Süd oder West, immer geht's an einem anderen Fluss entlang.

Steigungsreich in die Hersbrucker Alb

Am Ende des pittoresken Bachtales stoßen wir wieder auf die Landstraße. Wir folgen ihr nach Fischbrunn, schwenken in der Ortsmitte jedoch nach rechts. Wir stellen uns beim Abbiegen schon mal auf kräftiges Treten ein, denn nun beginnt unser längster und auch steilster Anstieg. An der Freiwilligen Feuerwehr vorbei radeln wir mit dem Talbach aus dem Ort hinaus. Doch trotz des gachen Anstieges ist das schmale, super geteerte Sträßchen mehr als angenehm

---

➤ oben / Eschenbach liegt hübsch eingebettet im Hirschbachtal

KM 7,3

Das Wasserschloss Eschenbach erstrahlt – nach seiner Zerstörung 1552 und dem Wiederaufbau – seit 1554 in fast unverändertem Glanz. Es befindet sich zwar in Privatbesitz und kann daher nicht von innen besichtigt werden, aber auch von außen ist es während einer kleinen Pause im 3 / Augarten ein Augenschmaus.

„ZUM BAYERISCHEN JOHANN“

befindet sich seit 1855 im Besitz der Familie Bayer. Seine Geschichte und auch die Gerichte haben mit Brotzeit, Braten und Bier Tradition.

zu fahren. Schließlich gelangen wir nach Hegendorf. Gleich nach dem Ortseingang an der Bushaltestelle können wir uns eine kleine Verschnaufpause gönnen, die wir mit einem Blick aufs 4 / Osterloch verkürzen. Ein Hinweisschild zeigt den Trampelpfad an, der nur ein paar Meter durchs Gebüsch hinaufführt. Dann folgen wir der Route weiter durch den Ort und schwenken beim Parkplatz links. Der Weg steigt wieder an und leitet uns über einen Schotterweg am großen Wanderparkplatz vorbei durch den kühlen Wald. Das letzte Stückchen geht's über einen geteerten Abschnitt nach 5 / Neutras hinein.

Mühlenromantik im Lehental

Mit sanften Schwüngen sausen wir auf der anderen Seite wieder hinunter. Das Sträßlein ist kaum befahren, das macht die Abfahrt umso genussvoller. Nach zweieinhalb Kilometern kommen wir nach Lehendorf. Noch vor der Hauptstraße biegen wir scharf rechts in ein schmales Sträßchen ein, das uns ein wenig oberhalb durch das Wohngebiet ins benachbarte Lehenhammer leitet. Ab jetzt wird uns der Fünf-Flüsse-Radweg bis nach Happurg führen. Wir schwenken

an der Landstraße nach rechts, und kurz bevor es unter den Gleisen hindurch geht, schweift unser Blick nach rechts zur ehemaligen 6 / Hammermühle Lehenhammer. Am Ortsende wechseln wir auf einen Radweg auf die linke Straßenseite. Entspannt rollen wir sanft hinab, jenseits der anderen Straßenseite schlängelt sich der Etzelbach durch die grünen Wiesen. Auf diesem Abschnitt gibt's zwischendurch eine Rast extra für Radler. Sogar mit Trinkwasserversorgung. Wir warten aber noch ein paar Minuten, denn gleich sind wir in 7 / Oed. Am Ortseingang begrüßt uns die historische Ödmühle und im Örtchen selbst wartet eine Wirtschaft mit tollem Biergarten auf uns.

KM 11,4

Spannend wird's am 4 / Osterloch. Ein Besuch ist allerdings mit kurzem Fußmarsch verbunden. Die Höhle diente sowohl Tieren als auch Menschen einst als Unterschlupf. So wurden Scherben aus der Späthallstattzeit sowie Knochen eiszeitlicher Tiere gefunden.

Am kleinen Wasser zum großen Wasser

Nach einer Stärkung geht's auf der Landstraße weiter. Nach der Eisenbahnbrücke wechseln wir auf den Radweg und kurz darauf unterqueren wir die Gleise gleich ein zweites Mal. Der Fünf-Flüsse-Radweg leitet uns noch vor der B 14 nach rechts auf einen Radweg an der Bahn entlang. Jetzt erwarten uns sechs Kilometer Radweg vom Feinsten. Schön geteert, ohne Steigungen immer am Höglbach entlang. Hinter Pommelsbrunn queren wir nochmal die B 14. Hinter der Seniorenresidenz vorbei und dann noch einmal über die Bundesstraße, die wir noch ein kurzes Stück begleiten. Kurz vor

◂ links / Die Runde besticht durch herrliche Bachtäler wie hier am Etzelbach ▴ oben / Mittagspause im Bayerischen Johann

dem Happurger Baggersee verlassen wir jedoch den Radweg und schwenken schilderlos auf die Hohenstädter Straße ein. Sie bringt uns nun stets geradeaus hinab. Nach ein paar Minuten mündet sie in der Förrenbacher Straße, die uns schließlich zum Stausee geleitet.

Eine Runde um den See

Ein Schotterweg erwartet uns an den Ufern des 8 / Happurger Stausees. Mit ihm radeln wir nun einmal um den See herum. Gemütlich geht's dahin, schon allein aus Rücksichtnahme auf die Fußgänger, die sich den Weg mit uns teilen. An schönen Tagen sind auch jede Menge Wanderer unterwegs, denn die Seeumrundung führt gleichzeitig über den Happurger Geschichtsweg, der mit zahlreichen Infotafeln bestückt ist. Natürlich nicht zu vergessen die Badegäste. Jetzt ist auch ein idealer Zeitpunkt, sich einmal dem kühlen Nass hinzugeben. Am südwestlichen Ende des Sees teilt sich der Weg: Wir halten uns links, weiter vom Ufer entfernt, und erreichen kurz darauf die 9 / Seeterrassen. Ein wunderbarer Zeitpunkt, nochmal schwimmen zu gehen und uns dann im gemütlichen Restaurant mit Seeblick zu stärken.

KELTENWALL & KARSTHÖHLE

Mit einem kultur- und einem naturhistorischen Schmankerl ist auf der Houbirg oberhalb des 8 / Happurger Stausees für jeden etwas dabei.

1955

wurde der 8 / Happurger Stausee zur Elektrizitätsgewinnung angelegt. Eigentlich ist er zum Bootfahren gedacht, aber Baden wird auch geduldet. Auf der Westseite gibt es bei der 9 / Seeterrasse eine Liegewiese, von der du getrost mal ins Wasser hüpfen kannst.

Mit Aussicht zurück nach Hersbruck

Wir fahren weiter und folgen dem Weg geradeaus durchs Wohngebiet. Dann schwenken wir rechts in die Untere Mühlstraße zum Marktplatz. Hier lassen wir das Radl stehen und machen uns auf zu einem Besuch auf der Houbirg. Nach der Wanderung folgen wir der Hersbrucker Straße kurz, dann schwenken wir links in den Ellenbacher Weg. Wir queren die Straße und folgen nun schilderlos an der nächsten Gabel einem Schotterweg bergan. Zuletzt geht's vorbei am 10 / Bienenweg und einer malerischen Kapelle vor zur Straße. Wir sausen durch Ellenbach hinab, bleiben immer geradeaus. Kurz vor den Gleisen schwenken wir nach links und unterqueren sie in einer Linksschleife. Dann bringt uns die Ostbahnstraße schnurgerade nach Hersbruck. Nach dem Wassertor halten wir uns links, am 11 / Brauhaus vorbei, über den Stadtplatz und nach links geschwenkt durchs Nürnberger Tor wieder aus der Stadt hinaus und geradewegs zum 1 / Bahnhof Hersbruck.

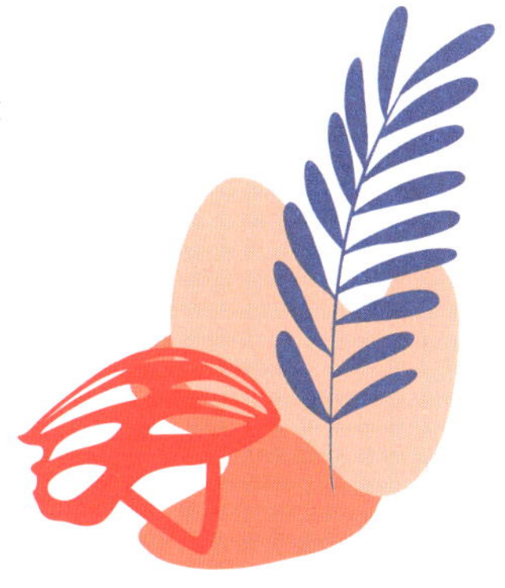

< links / In Happurg starten wir die Wanderung auf die Houbirg ^ oben / Im Abendlicht radeln wir über Ellenbach zurück

BESUCH BEI DEN KELTEN

Zu einem beeindruckenden Kulturdenkmal hoch über Happurg

6 Kilometer
290 Höhenmeter
2:15 Stunden
Rundtour

Über Leben und Siedlungsgeschichte der Houbirg kann man nur spekulieren, denn bis heute ist sie noch nicht vollständig erforscht. Fest steht aber, dass auf der bedeutendsten vorgeschichtlichen Wallanlage Deutschlands verschiedene Besiedlungswellen stattfanden. So machen auch wir uns auf, diese imposante Wallanlage einmal persönlich in Augenschein zu nehmen. Nicht zuletzt wegen des atemberaubenden Blickes auf den Happurger See.

Über die Hunnenschlucht bergwärts

Los geht's für unseren kleinen Abstecher per Pedes am 12 / Marktplatz Happurg. Am hübschen Brunnen mit der imposanten Kirche St. Georg im Hintergrund geht's vorbei, direkt in die Schöffenstraße hinauf. Sie bringt uns bald über die Pflegergasse nach links und gleich darauf über die Grabenstraße in einem guten Anstieg zum 13 / Kriegerdenkmal. Gegenüber des Denkmales wandern wir an der kleinen KZ-Gedenkstätte vorbei direkt in den Wald hinein. Wir steigen nur ein paar Minuten über eine Hohlgasse auf, dann treten wir an die 14 / Hunnenschlucht heran. Mit diesem tiefen Graben wird die Wallanlange in Quelle, Felsen, Waldabteilung und Steinbrüche unterteilt. Der Waldweg endet hier, die Route leitet uns nach links auf steilem Pfad über Wurzeln und Steine. Bei diesem kurzen Wegstück achten wir besonders auf unsere Tritte.

Ein Wall aus Holz, Steinen und Erde

Wir treffen recht schnell an einen Schotterweg, der uns rechts herum weiter bergan führt. An der nächsten Gabelung geht's nach links, kurz darauf biegen wir nochmals links ab, um auf einem grasbewachsenen Weg weiter anzusteigen. Zur Linken können wir jetzt schon ein paar wunderbare Blicke auf Happurg erhaschen. Nach ungefähr zwanzig Minuten weisen Steinmännchen den Weg nach

12 1/2

rechts hinauf und signalisieren zugleich den Beginn des 15 / Keltenwalls. Ein steiniger Waldpfad führt uns nun in stetigem bergauf über Holz-Stein-Erde-Mauer. So ähnlich muss sich Humpty Dumpty gefühlt haben. Zwischendurch geht's auch mal wieder bergab. Einmal kreuzen wir auf unserem Wallspaziergang einen anderen Weg. Zwischendrin erscheinen nun immer wieder grüne Markierungen – entweder als Punkt oder mit einer 1.

Felsenfenster mit Aussicht

Nach einer guten halben Stunde auf dem Wall, der die Houbirg umrundet, wird der Wald plötzlich lichter. Wir nähern uns dem Ende der Ringmauer. An einem etwas breiteren Waldweg gelangen wir über ein paar Stufen nach links hinab zum 16 / Hohlen Fels. Die Aussicht auf den Happurger Stausee ist wirklich wunderschön. Für den Rückweg richten wir uns wieder nach der Nummer 1 auf grünem Grund, die uns nun auf angenehmen Pfaden stetig bergab führt. Allmählich wird der Weg breiter, an einem Brünnlein mit Bank ist die Möglichkeit einer letzten Rast im Wald geboten. Beim Waldaustritt überqueren wir die Straße und wandern hinab zur Friedhofsmauer. Hier richten wir uns nach rechts und gelangen zurück auf unseren Anfangsweg, der uns wieder zum 12 / Marktplatz Happurg führt.

TOURENINFO / Die Wege auf der Houbirg sind teils schmal und mit Wurzelwerk übersäht. Hier sollte man seine Tritte aufmerksam setzen. Der Abstieg kann zum Ende hin kurz mal ein wenig steiler werden, ist aber auf dem angenehmen Waldboden dennoch kein Problem.

---

^ oben / Blick über den Happurger See von der Hourbirg aus

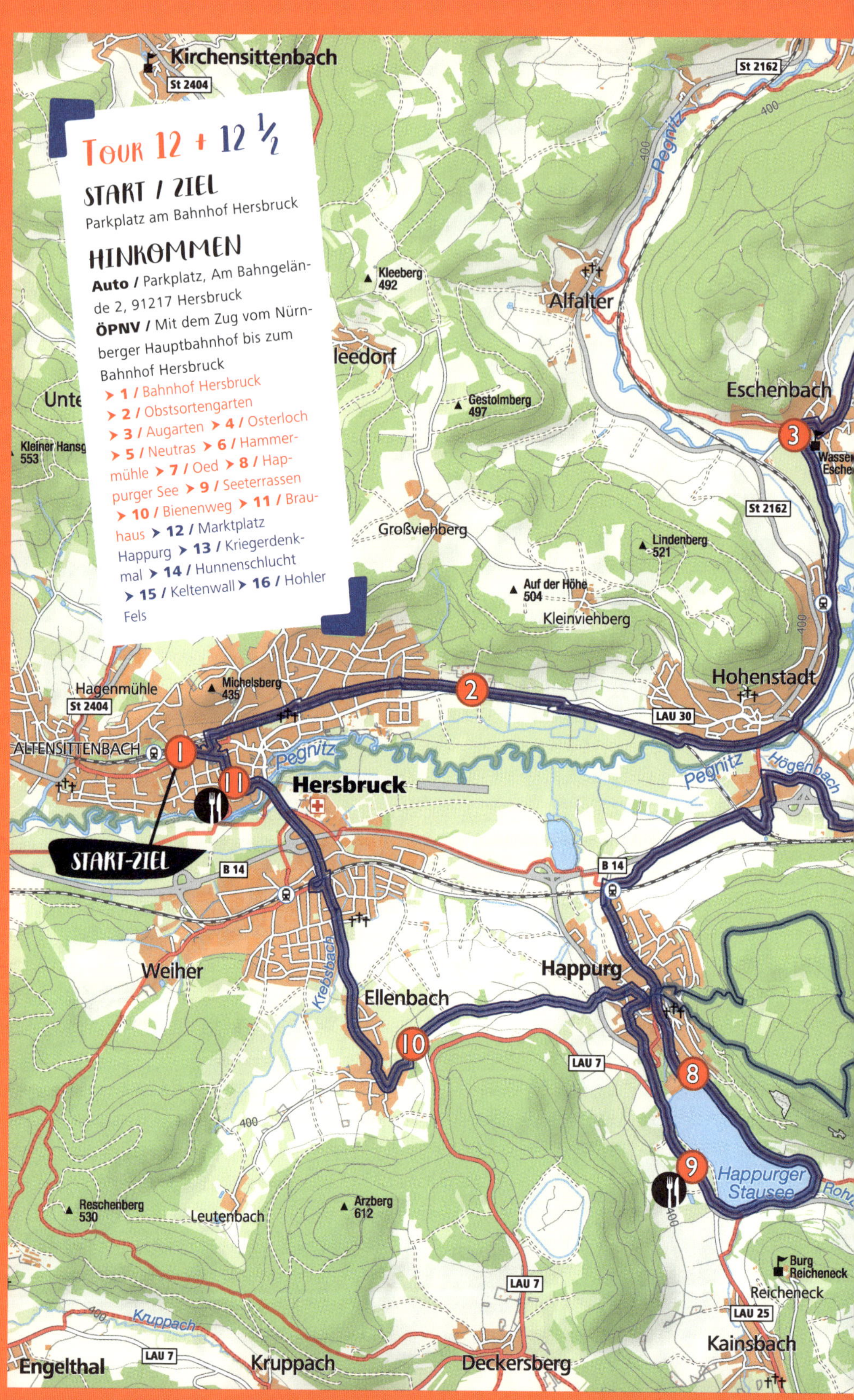
Tour 12 + 12 ½
START / ZIEL
Parkplatz am Bahnhof Hersbruck
HINKOMMEN
Auto / Parkplatz, Am Bahngelände 2, 91217 Hersbruck
ÖPNV / Mit dem Zug vom Nürnberger Hauptbahnhof bis zum Bahnhof Hersbruck
➤ 1 / Bahnhof Hersbruck ➤ 2 / Obstsortengarten ➤ 3 / Augarten ➤ 4 / Osterloch ➤ 5 / Neutras ➤ 6 / Hammermühle ➤ 7 / Oed ➤ 8 / Happurger See ➤ 9 / Seeterrassen ➤ 10 / Bienenweg ➤ 11 / Brauhaus ➤ 12 / Marktplatz Happurg ➤ 13 / Kriegerdenkmal ➤ 14 / Hunnenschlucht ➤ 15 / Keltenwall ➤ 16 / Hohler Fels
START-ZIEL
Kirchensittenbach
St 2404
St 2162
Pegnitz
Kleeberg 492
Alfalter
Eschenbach
Gestolmberg 497
Großviehberg
Lindenberg 521
Auf der Höhe 504
Kleinviehberg
Hohenstadt
Michelsberg 435
Hagenmühle
ALTENSITTENBACH
LAU 30
Hersbruck
Högenbach
B 14
Weiher
Happurg
Ellenbach
Kreuzbach
LAU 7
Happurger Stausee
Reschenberg 530
Leutenbach
Arzberg 612
Burg Reicheneck
Reicheneck
LAU 25
Kruppach
Engelthal
Kruppach
Deckersberg
Kainsbach

Burg Hauseck
Hauseck
Unterhirschbach
Hirschbach
Schmidtstadt
Kirchenreinbach
Rutschen
591
Azelstein
564
Gerhardsberg
AS 39
Fischbrunn
Talbach
Rupprechtstein
4
Hegendorf
5
Neutras
Hoher Berg
592
Reinbach
Naturpark Fränkische Schweiz - Frankenjura
Bürtel
Etzelwang
Penzenhof
Leitenberg
616
Lehenhammer
Etzelbach
Heuchling
Lehendorf
Lehental
6
Leitenberg
557
Brennberg
567
Leherberg
504
Herrenberg
580
Pleßelberg
574
Etzelbach
Appelsberg
7
Deinsdorf
Hunas
Weigent
400
Weigendorf
400
Hartmannshof
Högenbach
Fallmühlberg
496
12½
START-ZIEL
15
13
14
12
16
Schloss Haunritz
Guntersrieth
Waizenfeld
St 2236
LAU 27
Grübel
590
Happurger Stausee
400
250 m
3 km

TOLL FÜR FEIERTAGE

An Feiertagen ist's nicht nur in der Altdorfer Altstadt entspannt. Das ruhige Feiertagstreiben genieße ich auf der gesamten Strecke.

> 1 / Der Marktplatz Altdorf ist seit Jahrhunderten fast unverändert

> 2 / Idyllisches Radlerlebnis in den Schwarzachauen

> 3 / Die Affalterbacher Kapelle ist ein Ort mit Geschichte

> 4 / An der Eisenbahnbrücke endet der Weg durch die Flussauen

> 5 / Der Brückkanal ist eine herausragende Bauleistung des L-M-D-Kanals

> 6 / Am Vita Parcours können wir unsere Muskeln stärken

> 7 / Zur Schleuse 35 ist ein sehr einladender Biergarten

> 8 / Elfriede wird auch heute noch vom Kaltblüter Florian gezogen

> 9 / Am Dörlbacher Einschnitt können wir den oberen oder den unteren Weg wählen

> 10 / Die Mauerreste der Klosterruine Gnadenberg sind ein ehrfurchteinflößender Anblick

> 11 / St. Michael ist die Mutterkirche aller Kirchen in der Region

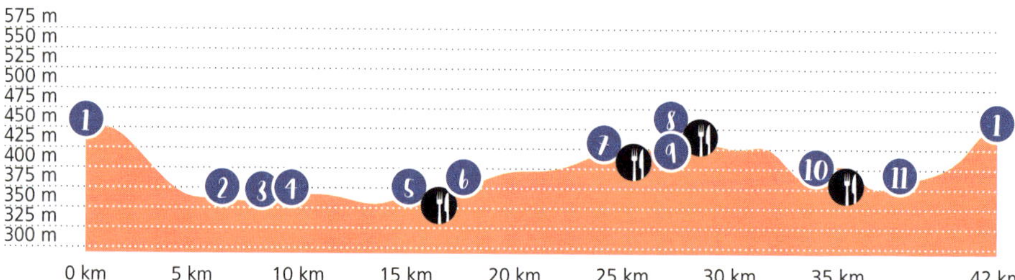

KANAL TOTAL

Von Altdorf über die Schwarzachauen zum Main-Donau-Kanal

Die heutige Runde ist von Kanalambiente geprägt. Der erste und auch der letzte Abschnitt führen uns durch die lieblichen Schwarzachauen und deren Wälder. Zwischendurch gibt's allerhand Spannendes von Natur bis Kultur zu entdecken.

42 Kilometer
435 Höhenmeter
435 Höhenmeter
3:30 Stunden
Rundtour

Schloss und Burg optional

Wir starten am 1 / Marktplatz Altdorf und radeln durchs Obere Tor zum nächsten Kreisverkehr. Radschilder gibt's noch keine, aber der Weg ist nicht zu verfehlen. An der zweiten Ausfahrt schickt uns ein Straßenschild Richtung Nürnberg. Über eine Fuß- und Radweg verlassen wir die Stadt. Bis Weinsdorf behalten wir die Richtung bei, dann schickt uns ein Radlschild am Ortsende auf einen Radweg auf der linken Straßenseite. Ein paar Minuten später biegen wir links ab und sausen auf der Straße

CHARAKTER

Sportlich ●●○○○
Abkühlung ●●○○○
Schlemmen ●●●●○
Panorama ●●●●○

TOURENINFO / In den Schwarzachauen und die gesamte Kanalstrecke entlang radeln wir auf leicht geschottertem Weg. Der Rest der Strecke bewegt sich auf geteerte Radwegen. Die letzten paar Kilometer geht's über eine ruhige Straße, aber lang und ein bisschen steil bergauf.

◂ links / Der Radweg am Kanal ist beliebt und stets gut befahren

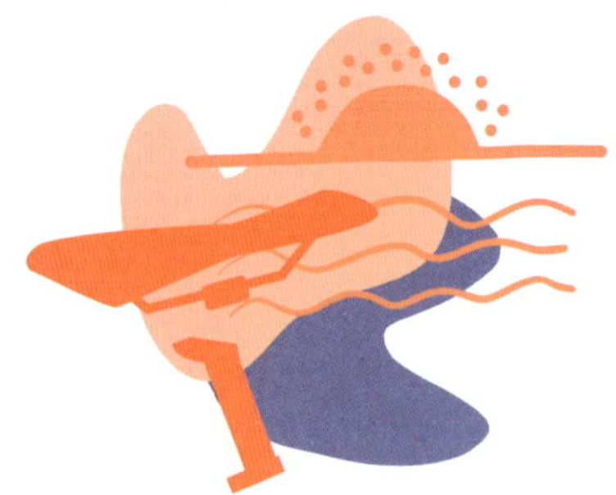

durch Grünsberg hinunter. Am Ortsende steht auf der linken Seite das romantische Schloss Grünsberg. Beim Ortsschild wechseln wir auf den Radweg nach links und rollen genüsslich den langen Berg hinunter Richtung Burgthann. Unten halten wir uns gleich links auf einen Teerweg. Nach der Brücke geht's rechts, über die Staatsstraße hinüber und nach Burgthann hinein. Sportliche und Burgenfans können hier einen Abstecher zu den Ruinen von Burg Thann einlegen. Die Reste der Spornburg sind gut erhalten und schön anzusehen!

Durch die Schwarzachauen

Bevor es die Bergstraße hinauf geht schwenken wir nach rechts, am Gasthof Blaue Traube vorbei und zurück zum Radweg an der Staatsstraße. Er leitet uns mit einem ersten Vorgeschmack auf die Flussauen zwischen Schwarzach und der Straße nach Pattenhofen. Hier entfernt sich der Radweg leicht nach links, an der Freiwilligen Feuerwehr vorbei und über eine Brücke in die 2 / Schwarzachauen. Herrlich radeln wir am bereits hoch gewachsenen Gras entlang. Immer wieder geht's über kurze Gravel-Abschnitte. Nach einigen Minuten erreichen wir die 3 / Affalterbacher Kapelle. Dort warten auch eine Panoramabank und eine Infotafel. Direkt dahinter quaken die Frösche von den Feuchtwiesen herüber. Hier sollten wir uns – zumindest an heißen Tagen – nicht allzu lange aufhalten. Im Sommer sind wir dann nämlich ein gefundenes Fressen für die Mücken. Also radeln wir auf einem Schotterweg weiter, leicht ansteigend und durch immer baumreicheres Gelände. Die Auen und auch der schöne Radweg enden kurz hinter der 4 / Eisenbahnbrücke. Wir schwenken nach rechts und fahren an der B 8 entlang nach Schwarzenbruck hinein.

EU-FLORA-FAUNA-HABITAT

Diesen Schutz genießen die 2 / Schwarzachauen als Lebensraum für bedrohte Wiesenbrüter wie Braunkehlchen und Blaukehlchen oder den Feldschwirl.

› rechts oben / Die Schwarzachauen verheißen Natur pur

KM 8,3

Die **3 / Affalterbacher Kapelle** war ein aus rötlichem Sandstein errichtetes Gotteshaus. Im Mittelalter war die Marienkapelle ein gut besuchter Wallfahrtsort, besonders für die Bürger Nürnbergs. Das Kirchlein maß ganze 80x45 „Schuh" wurde aber leider 1502 im Zuge eines Grenzstreites niedergebrannt.

PERFEKTE MITTAGSPAUSE

Die Waldschänke am 5 / Brückkanal eignet sich hervorragend für eine Pause. Fränkische Schmankerl stärken uns für den anstehenden Kanalride.

Tricky zum Kanal

Auf dem Weg zu unserem nächsten großen Ziel müssen wir durch Schwarzenbruck hindurchfahren. Leider leitet der Radweg nicht so eindeutig, so müssen wir uns von der B8 in die Ortsmitte ein bisschen durchflunkern. Dafür folgen wir dem Radweg bis zum Ortsende mit großer Kreuzung. Hier gibt es leider nur in eine Richtung eine Rad- bzw. Fußgängerampel. So ordnen wir uns beim Queren der Straße nach links auf die Fahrspur ein und warten, bis die Autoampel grün wird. Dann überqueren wir schnell die B8 und folgen der Hauptstraße in die Ortsmitte. Jetzt wird's wieder leichter. Direkt an den beiden Kirchen schwenken wir nach rechts in die Flurstraße. Sie leitet uns nun ein paar Minuten geradewegs durchs Wohngebiet hindurch und mündet in die Gsteinacher Straße. Sie bringt nun ebenfalls schnurgerade zum Ortsrand. Hier wartet ein schöner Radweg neben der Straße auf uns, der uns schon das nächste Ziel verrät: den Brückkanal. Am Ortsrand von Feucht macht die Straße einen Rechtsbogen. Wir schwenken nach links, überqueren sie und radeln geradeaus, bald über einen Pfad durchs Wäldchen, zum

Ludwig-Donau-Main-Kanal. Wir folgen dem schönen Radweg nach Süden und erreichen kurz darauf den 5 / Brückkanal samt gleichnamiger Waldschänke.

Auf den Kanalschnellweg

Die nächsten 17 Kilometer dürfen wir Kanalflair genießen. Das ist insofern sehr schön, da die Strecke einfach immer nur geradeaus am Kanal entlang führt, aber unterwegs viele kleine Besonderheiten warten, die den Weg recht kurzweilig machen. An der Waldschänke steigen wir ab und schieben erst einmal unser Rad über einen schmalen Weg an der Mauer entlang über den Brückkanal. Dann geht's auf dem fein sandigen Weg weiter. Wir passieren nun Schleuse für Schleuse und nach und nach steigt der Weg kaum merklich an. Irgendwann muss es die Höhenmeter ja wieder hinaufgehen, die wir bei Grünsberg hinabgesaust sind. Zu unserer Linken säumen ein Weilchen die Gerätschaften vom 6 / Vita Parcours den Weg. Direkt am Ufer des Kanals wechselt die Flora stetig: Mal begleitet uns mannshohes Schilfrohr und Schilfgras, zwischen dem die Schwertlilien gelb hervorleuchten. Dann wächst wieder niederes Gras, das den Blick auf den Kanal freigibt. Bei Schleuse 39 passieren wir das Örtchen Pfeifferhütte. Hier queren

172 KM

ist der Ludwig-Main-Donau-Kanal lang. Als Namensgeber begann König Ludwig I. 1825 mit der Planung. 1846 wurde der Kanal eingeweiht. 100 Schleusen bewältigen im Auf- und Abstieg insgesamt 264 Höhenmeter. Der Fünf-Flüsse-Radweg führt an seinem Ufer entlang.

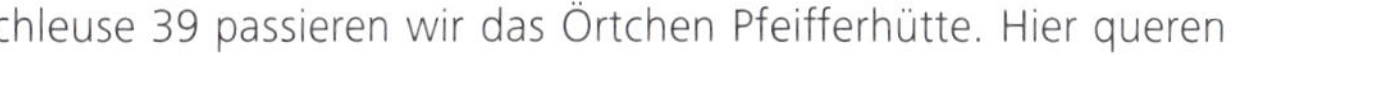

< links / In der Waldwirtschaft sitzt man unter schattigen Kastanien
^ oben / Elfriede wird auch heute noch getreidelt

wir die B8 und erreichen kurz darauf den einladenden Biergarten 7 / Zur Schleuse 35. Zehn Minuten später fahren wir an 8 / Elfriede vorbei, die gemütlich auf dem Kanal schaukelt. Kurz darauf begleiten uns am 9 / Dörlbacher Einschnitt ein paar Infoschilder. Der Weg steigt an, und wir fahren nun ein kurzes Stück oberhalb des Kanals, bevor er sich nach einer Straßenquerung wieder zum Kanalufer absenkt. Ein paar Minuten später verengt sich der Weg und wird mit einem Brückengeländer versichert. Vorsicht hier bei entgegenkommenden Radlern! Beim Sicherheitstor Unterölsbach verlassen wir schließlich den Kanal und folgen den Radschildern nach Unterölsbach.

TREIDELN

Früher wurden die Schiffe auf dem alten Kanal getreidelt, d.h. sie mussten von Pferden gezogen werden. So wie die alte 8 / Elfriede.

Rutscher zur Ruine

Nachdem wir den Kanal hinter uns gelassen haben, leitet uns ein Teerweg am Waldrand entlang direkt in den Ort. Vor der Ortsmitte mit der schönen Linde schwenken wir nach links in den Gandenberger Weg. Dann unterqueren wir die A3 und überqueren die Schwarzach. An der Gabelung treten wir kräftig in die Pedale. Der Anstieg ist zwar knackig, aber kurz und lohnt sich: In der Mitte des kleinen Ortes wartet die eindrucksvolle

3

Brigittenklöster gab es einst in Süddeutschland. Kloster Gnadenberg war das älteste von ihnen. Die imposanten Umfassungsmauern der Klosterkirche stehen noch. Mit ein bisschen Zeit kannst du dir auch die interessante Ausstellung im Konventgebäude zu Archäologie und Baugeschichte des Klosters anschauen.

10 / Klosterruine Gnadenberg auf uns. Um nicht auf der Staatsstraße fahren zu müssen, rollen wir das Bergerl wieder hinab und schwenken nach rechts auf den Radweg, der uns durch den unteren Teil von Gnadenberg leitet. An der Gabelung bleiben wir links und sobald wir die Staatsstraße berühren, schwenken wir mit dem Radweg nach links Richtung Rasch.

Mit der Schwarzach zurück

In Rasch queren wir die Hauptstraße nach links und fahren dann sanft aufwärts bis zur Kirche 11 / St. Michael. Wir richten uns nach dem Radschild Richtung Lenzenberg und biegen rechts ab. Zehn Minuten geht die Fahrt durch einen schönen Wald. Zuletzt überqueren wir die Schwarzach über eine Holzbrücke und verlassen die Radschilder nach rechts. Bei Prechtalmühle beginnt unser letzter, leider etwas längerer Anstieg durch ein Wäldchen und an Wiesen vorbei auf einer ruhigen Straße. Am Ortsrand geht's dann immer geradeaus über den Mühlweg zum 1 / Markplatz Altdorf.

< links / Die Mauerreste des Klosters Gandenberg sind noch super erhalten ^ oben / In Altdorf lässt es sich toll durch die Altstadt flanieren

Tour 13
START / ZIEL
Parkplatz Marktplatz Altdorf
HINKOMMEN
Auto / Oberer Markt, 90518 Altdorf bei Nürnberg
ÖPNV / Die S2 fährt vom Nürnberger Hauptbahnhof nach Altdorf bei Nürnberg
➤ 1 / Marktplatz Altdorf ➤ 2 / Schwarzachauen ➤ 3 / Affalterbacher Kapelle ➤ 4 / Eisenbahnbrücke ➤ 5 / Brückkanal ➤ 6 / Vita Parcours ➤ 7 / Zur Schleuse 35 ➤ 8 / Elfriede ➤ 9 / Dörlbacher Einschnitt ➤ 10 / Klosterruine Gnadenberg ➤ 11 / St. Michael
FISCHBACH BEI NÜRNBERG
LAU 13
A 3
Herrensitz Birnthon
Ungelstetten
Hutberg 407
A 9
A 6
Schloss Gauchsmühle
Weiherhaus
Ebenbach
Penzen
St 2401
Jägersee
Gauchsbach
Thanngraben
A 73
Schwarzenbruck
Gsteinach
Faberschloß
Schwarzach-Durchbruch
Schwarzach
B 8
Pfeifferhütte
Unterlindelburg
Oberlindelburg
Dürrenbach
St 2225
RH 17
Hembach
Sperberslohe
NM 17
Oberhembach
Schellenberg 406

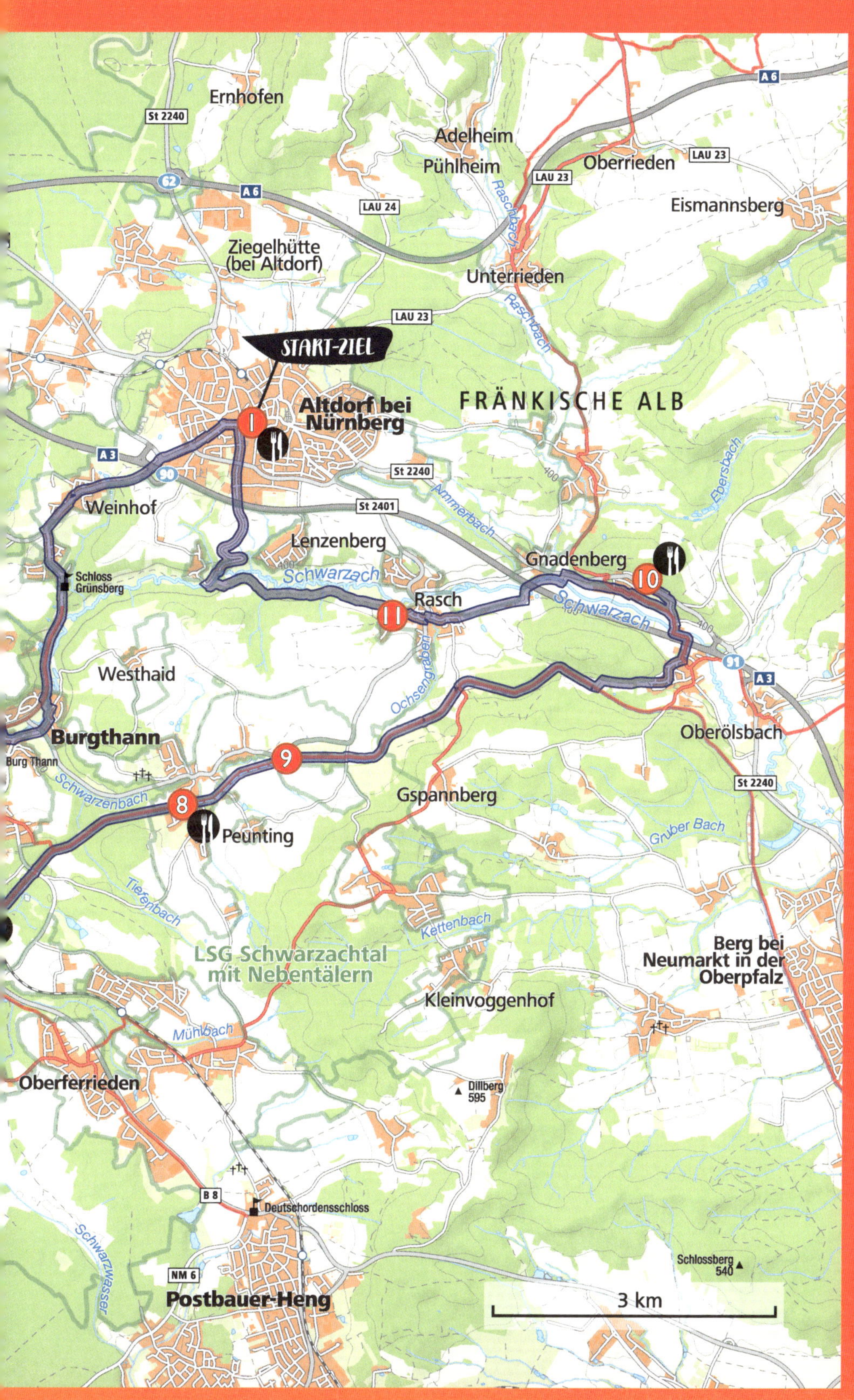

Ernhofen
St 2240
Adelheim
Pühlheim
Oberrieden
LAU 23
A 6
Eismannsberg
LAU 24
Ziegelhütte (bei Altdorf)
Unterrieden
Raschbach
LAU 23
START-ZIEL
Altdorf bei Nürnberg
FRÄNKISCHE ALB
1
A 3
St 2240
Weinhof
St 2401
Ammerbach
Ebersbach
Lenzenberg
Gnadenberg
Schloss Grünsberg
Schwarzach
10
Rasch
11
Schwarzach
Westhaid
Ochsengraben
A 3
Burgthann
Oberölsbach
Burg Thann
9
St 2240
Schwarzenbach
8
Gspannberg
Peunting
Gruber Bach
Tiefenbach
Kettenbach
LSG Schwarzachtal mit Nebentälern
Berg bei Neumarkt in der Oberpfalz
Kleinvoggenhof
Mühlbach
Oberferrieden
Dillberg 595
B 8
Deutschordensschloss
Schwarzwasser
NM 6
Schlossberg 540
Postbauer-Heng
3 km

INSPIRIERENDE MINNESÄNGER-STADT

Ich bummle gern durch Wolframs-Eschenbach auf den Spuren unserer Dichter und genieße dabei das mittelalterliche Flair der Stadt.

➤ 1 / Die Nikolaikirche Neuendettelsau liegt im Zentrum des Ortes. Sie ist heute Start & Ziel

➤ 2 / Der Schaugarten lädt nicht nur Blumenliebhaber ein, mal reinzuschaeun

➤ 3 / Im Laden der Schlauersbach Mühle wird Mohn und Getreide frisch vermahlen

➤ 4 / Die Festung Lichtenau diente der Abwehr gegen die Markgrafen von Ansbach

➤ 5 / Der Energiewald dient der Holzproduktion zur energetischen Nutzung

➤ 6 / Der urgemütliche Biergarten im Landhotel Gary lockt zu einer Einkehr vor dem Endspurt

➤ 7 / In Mitteleschenbach können wir alte Kirchturmglocken am Wegrand anschauen

➤ 8 / Das Waldstrandbad Windsbach lädt zu einer erfrischenden Pause ein

➤ 9 / Vom Wernsbacher Fenster aus haben wir einen schönen Blick auf Neuendettelsau

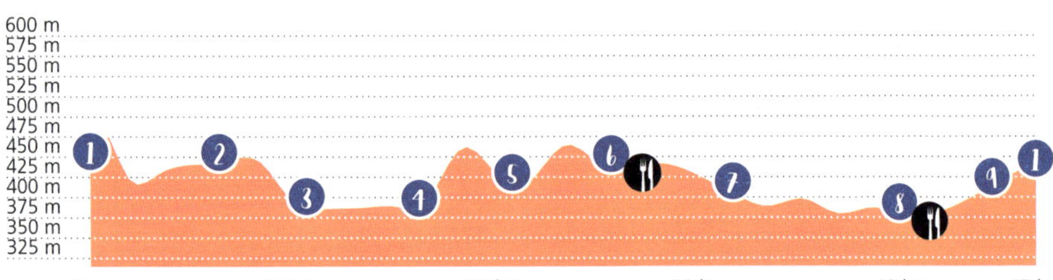

AUF DICHTERS SPUREN

Zu Besuch im mittelalterlichen Markt Lichtenau und in Wolframs-Eschenbach

Unsere Tagestour führt uns in die südwestliche Metropolregion Nürnbergs. Hügelig geht's dabei zu, und mancherorts mutet die Runde wie ein kleiner Abstecher ins Mittelalter an. Wie in Lichtenau, dem kleinen Marktflecken im Tal der Fränkischen Rezat.

47 Kilometer
410 Höhenmeter
410 Höhenmeter
3:45 Stunden
Rundtour

Von Neu nach Alt

An der Hauptstraße direkt an der 1 / Nikolaikirche Neuendettelsau fahren wir los, geradewegs nach Norden. Schon an der nächsten Gelegenheit biegen wir links in die Wilhelm-Löhe-Straße ab Richtung Petersaurach. Kurz darauf schwenken wir an der Laurentiuskirche rechts und bei Bäcker- und Metzgerei nochmal leicht nach rechts, dann geradewegs über die Landstraße aus dem Ort hinaus. Über die Felder und zwischen den Weihern hindurch gelangen wir wenig später in das kleine

CHARAKTER

Sportlich ●●●○○
Abkühlung ●●●○○
Schlemmen ●●●○○
Panorama ●●●●○

TOURENINFO / Die meiste Zeit fahren wir über asphaltierte Radwege und auf wenig befahrenen Straßen. Manchmal geht's auch kurze Strecken über Schotterwege. Nach Lichtenau und hinter der Gotzenmühle erwarten uns zwei knackige Anstiege. Und auch für den Endspurt heißt es nochmal kräftig in die Pedale treten.

◂ links / Schon von weitem erstrahlt das Münster von Wolframs-Eschenbach

Örtchen Altendettelsau. Jetzt heißt es aufgepasst, die Radschilder sind leider nicht mehr so vorhanden, wie sie sein sollten. An der Hauptstraße machen wir gleich eine 180° Kurve und fahren auf schmalem Sträßlein an einer Blechbläserwerkstatt vorbei scheinbar wieder zurück. Bei der nächsten Möglichkeit schwenken wir aber dann doch links auf die Schotterstraße, am Weiher entlang und an seinem Ende geradeaus über die Teerstraße. An Rapsfeldern und einer Solaranlage vorbei fahren wir unter der A6 hindurch und schwenken danach nach links. Nun geht's an Feldern entlang, sanft bergauf nach Petersaurach.

Kleingartenkunst und Mühlenromantik

Nach den ersten Häusern des Ortes halten wir uns rechts vor bis zur Hauptstraße, an der wir nach links Richtung Lichtenau abbiegen. Unsere Route leitet uns geradewegs ins Gewerbegebiet und zum Bahnhof. Über die Gleise hinüber, dann verlassen wir erst einmal die Radschilder und folgen dem Straßenschild nach links Richtung Ziegendorf. Doch zuvor schauen wir uns den 2 / Schaugarten des Obst- und Gartenbauvereins von Petersaurach an. Er wirkt trotz der nahen Autobahn wie eine kleine, grüne Oase der Ruhe, in der man schnell beim Betrachten der kunstvoll angelegten Beete den Autobahnlärm vergisst. Nach einem Spaziergang durch das hübsche Gelände schwingen wir uns wieder aufs Rad und fahren mit dem Sträßlein am Weiher vorbei und unter der A6 hindurch nach Ziegendorf. Durch den Ort und auf der ruhigen Straße weiter, bis wir an der St2223 stehen. Wir überqueren sie schräg nach links und kommen gleich darauf an der 3 / Schlauersbach Mühle vorbei. Sie ist eine der wenigen Mühlen, die es in der Gegend noch gibt. Im Mühlenlädchen kann man Mehle und Schrote aller Getreidesorten erwerben.

INGENIEURSKUNST

Die 3 / Schlauersbach Mühle besaß als eine von wenigen Mühlen zu dieser Zeit bereits Metallwalzen in ihren Walzstühlen.

➤ rechts oben /Der Schaugarten von Petersaurach wurde mit sehr viel Liebe angelegt

KM 6,4

Der 2 / Schaugarten in Petersaurach erwartet dich mit einer Fülle von unterschiedlichsten Themengebieten. Einige Abschnitte muten wie im tropischen Dschungel an, andere präsentieren karge Regionen wie den Schwedengarten. Im Kräutergarten kannst du die schmackhaften Gewürze an ihrer Beschilderung erkennen.

„KLEIN-NÜRNBERG“

Nicht zufällig erinnert die **4 / Festung Lichtenau** an die Nürnberger Burg. Die Marktgemeinde befand sich 400 Jahre im Besitz der freien Reichsstadt.

Durchs Tal der Fränkischen Rezat ins Mittelalter

Direkt bei der Mühle überqueren wir die Fränkische Rezat. Dann folgen wir der Straße gute 700 Meter. Ein Radschild weist uns jetzt wieder den Weg. Und zwar nach rechts, an Wiesen vorbei und mit der Fränkischen Rezat Richtung Immeldorf. Gemütlich radeln wir durch das schöne Flusstal. An der Abzweigung nach Immeldorf geradeaus vorbei, dann kreuzen wir ein drittes Mal die Autobahn. Wir passieren das kleine Örtchen Waltendorf und halten stets die Richtung, geradewegs nach Westen, bis wir die kleine Marktgemeinde Lichtenau erreichen. Wir biegen im Ort rechts in die Wattenbacher Straße ein, verlassen jedoch kurz darauf unsere Radschilder, um der 4 / Festung Lichtenau einen Besuch abzustatten. Dafür biegen wir kurz darauf unbeschildert in das kleine Sträßlein Marktplatz ein. Nach einem sehr lohnenden Besuch der Festung biegen wir an der Hauptstraße An der Brücke links ab. Kurz darauf lassen wir uns wieder von der Beschilderung führen. Geradewegs aus dem Ort hinaus Richtung Wolframs-Eschenbach.

Auf stillen Wegen zum Mittagsziel

Wir radeln am Friedhof und wenig später am Freibad von Lichtenau vorbei. Nach dem Freibad geht es einige Minuten mit gutem Anstieg bergauf. Endlich flacht das Sträßchen ab und leitet uns ein letztes Mal für heute unter der A 6 hindurch. Ab hier fahren wir auf einem herrlichen Schotter- und Waldweg zuletzt über einen Flurweg hinab. An der Straße biegen wir rechts ab und folgen ihr. Es geht am 5 / Energiewald vorbei und kurz danach durch den Weiler Erlenmühle, mit einem alten, pittoresken Steinhaus, stets am Zandtbach entlang. Nach wenigen Minuten schicken uns die Radschilder nach links, am Landgasthof Gotzenmühle vorbei und mit dem Teersträßlein kurz, aber recht steil den Berg hinauf. Langsam kämpfen wir uns an einem Rotwildgehege vorbei, dann rollen wir durchs beschauliche Örtchen Gotzendorf hindurch. An der Kreuzung am Ortsende halten wir uns rechts bergauf. Auf der Höhe begrüßen uns ein paar Windräder. Dann geht's allmählich an einer Allee entlang hinab. Die letzten paar hundert Meter lassen wir uns von den Radschildern durch Wolframs-Eschenbach leiten, direkt zum 6 / Landhotel Gary, das mit einem tollen Biergarten auf uns wartet.

25-30

Jahre kann ein 5 / Energiewald genutzt werden. Aus ihm werden Holzhackschnitzel für die Wärme- und Stromversorgung vor Ort hergestellt. Frei nach dem Motto „einmal pflanzen, mehrfach ernten" kann je nach Erntetechnik alle 3-10 Jahre geerntet werden.

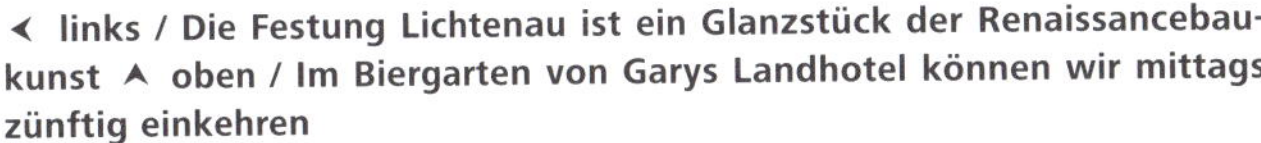

< links / Die Festung Lichtenau ist ein Glanzstück der Renaissancebaukunst ^ oben / Im Biergarten von Garys Landhotel können wir mittags zünftig einkehren

Auf ins Waldbad

Von unserem schönen Mittagsplätzchen fahren wir direkt gegenüber durchs Obere Tor in die Altstadt. Wir durchqueren das schmucke Minnesängerstädtchen und verlassen es auf der anderen Seite durch das Untere Tor. Am Schießweiher schicken uns die Schilder nach rechts Richtung Mitteleschenbach. Auf verkehrsberuhigtem Sträßchen fahren wir durch Adelmannsdorf und folgen dann den Radschildern am Ortsende nach links auf einen Schotterweg, herrlich am Waldrand entlang. Nach einem Waldstück stoßen wir wieder an eine Straße und eine kleine Kapelle samt Bank. Wir folgen der Alle geradeaus und schließlich hinab nach Mitteleschenbach. Über die Kreuzung, am kleinen Park mit Brunnen und den sehenswerten alten 7 / Kirchturmglocken vorbei. Kurz danach schwenken wir mit der Beschilderung nach links auf die Wiesenstraße und über den Altbach aus dem Ort hinaus. An der Straße geht's über einen Rechts-Links-Schwenk dann auf den Radweg, der uns um den Gersbacher Weiher herum leitet. Wenig später durchqueren wir Gersbach. Am Ortsende halten wir uns nach ein paar Weihern rechts auf einen Teerweg. Er geht rasch in einen Schotterweg über, mit dem wir jetzt durchs herr-

KUTSCHEN, SPRINGEN, SCHWIMMEN

kann man im 8 / Waldstrandbad Windsbach. Für Kids gibt's ein Piratenschiff. Und sogar das E-Bike kann man hier wieder aufladen.

wurde Obereschenbach zu Ehren seines berühmten Sohnes, des Dichters Wolfram von Eschenbach, in Wolframs-Eschenbach umgetauft. Der Minnesänger verfasste mehrere epische Werke und Dichtungen. Sein wohl bekanntester Versroman ist Parzival, ein Werk aus 25.000 paarweise gereimten Versen.

liche Erlbachtal radeln. Eine viertel Stunde genießen wir die wundervolle Natur, dann erreichen wir Untereschenbach. Wir queren die Staatsstraße und biegen kurz danach links ab. Das asphaltierte, angenehm ruhige Sträßlein bringt uns durch die wunderschöne Flusslandschaft der Fränkischen Rezat nach Retzendorf und direkt zum 8 / Waldstrandbad Windsbach.

Endspurt an Gleis und Bach

Nach einer Abkühlung in dem schönen Sommerbad führt uns unsere Route direkt nach Windsbach hinein. Wir fahren geradeaus bis zur Ansbacher Straße und folgen ihr nach rechts. Am Supermarkt geht's dann rechts über die Gleise und durch Wernsmühle und Wernsbach hindurch. Wir passieren den schönen Aussichtspunkt 9 / Wernsbacher Fenster und radeln parallel zu Gleisen und Bach zurück zur 1 / Nikolaikirche Neuendettelsau.

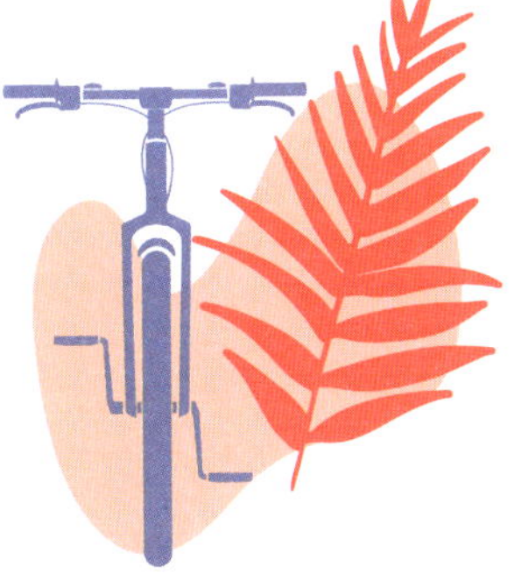

≺ links / In den Auen auf unserer Runde tummeln sich die unterschiedlichsten Entenarten ⋏ oben / Das Tal der Fränkischen Rezat ist ein Traum für Radler

Külbingen
B 14
Wicklesgreuth
Sandbühl
467
Petersaurach
Aurach
AN 19
2
Langenloh
A 6
Mittlersbach
Büschelberg
454
Herpersdorf
Büschelbach
Ziegendorf
Dorfbach/Vein
Sachsen bei Ansbach
Fränkische Rezat
Lichtenau
4
Festung Lichtenau
53
Immeldorf
400
Schlauersbach
3
Fränkische Rezat
Kühberg
457
Geißberg
431
AN 12
Rückersdorf
Kirschendorf
A 6
AN 14
Zandtbach
Wattenbach
Fischbach
5
Sauernheim
Zandtbach
Unterrottmannsdorf
Gotzendorf
Wöltendorf
Zandt
AN 12
Reutern
Bammersdorf
St 2220
6
AN 58
AN 58
Wolframs-Eschenbach
Waizendorf
Großbreitenbronn
Adelmannsdorf
Kleinbreitenbronn
Gerbersdorf
AN 12
B 13

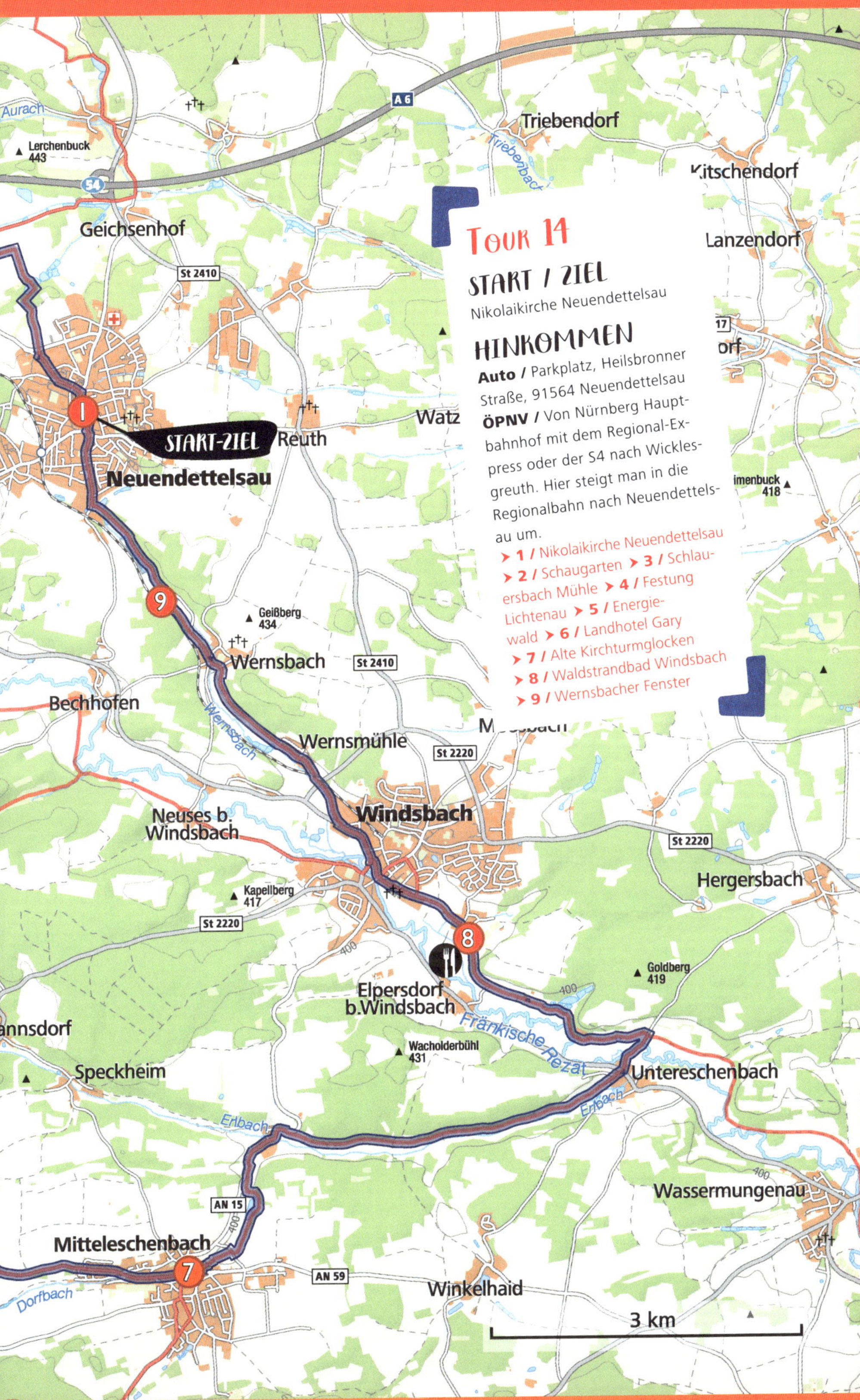
Tour 14
START / ZIEL
Nikolaikirche Neuendettelsau
HINKOMMEN
Auto / Parkplatz, Heilsbronner Straße, 91564 Neuendettelsau
ÖPNV / Von Nürnberg Hauptbahnhof mit dem Regional-Express oder der S4 nach Wicklesgreuth. Hier steigt man in die Regionalbahn nach Neuendettelsau um.
› 1 / Nikolaikirche Neuendettelsau › 2 / Schaugarten › 3 / Schlauersbach Mühle › 4 / Festung Lichtenau › 5 / Energiewald › 6 / Landhotel Gary › 7 / Alte Kirchturmglocken › 8 / Waldstrandbad Windsbach › 9 / Wernsbacher Fenster
START-ZIEL
Neuendettelsau
Reuth
Geichsenhof
Triebendorf
Lanzendorf
Watz
Lerchenbuck 443
Aurach
A 6
St 2410
Geißberg 434
Wernsbach
Bechhofen
Wernsmühle
Windsbach
Neuses b. Windsbach
Kapellberg 417
St 2220
Hergersbach
Goldberg 419
Elpersdorf b.Windsbach
Fränkische Rezat
Wacholderbühl 431
Speckheim
Untereschenbach
Erlbach
Wassermungenau
AN 15
Mitteleschenbach
AN 59
Winkelhaid
Dorfbach
3 km

BADESTELLEN-HOPPING

Ich radle diese Tour am liebsten an heißen Tagen. Bei frühem Aufbruch kann man sich auf dem Rückweg Zeit lassen und immer wieder ins Wasser springen.

> **1 /** Auf dem Marktplatz Gunzenhausen beginnt unsere Baderadtour

> **2 /** Ende des 19. Jhdts wurde dieser extrem kleine Limeswachposten am Pfahlweg ausgegraben

> **3 /** Die gotische Hallenkirche Mariä Heimsuchung war im 15. Jahrhundert eine Wallfahrtskirche

> **4 /** Arberg hat viele historische Besonderheiten zu bieten, die wir nicht verpassen sollten

> **5 /** Das mittelalterliche Ornbau ist die einstig vorgeschobene Bastion der Fürstbischöfe von Eichstätt

> **6 /** Auf der Altmühlinsel fühlen sich Vögel und auch Biber pudelwohl

> **7 /** Im Flussbad Mörsach kann man schnell mal in die Altmühl springen

> **8 /** Ein kleiner Teil der Vogelinsel ist für Spaziergänger zugänglich

> **9 /** Am Kitesurfstrand lassen sich die Surfer aus den Wellen heben

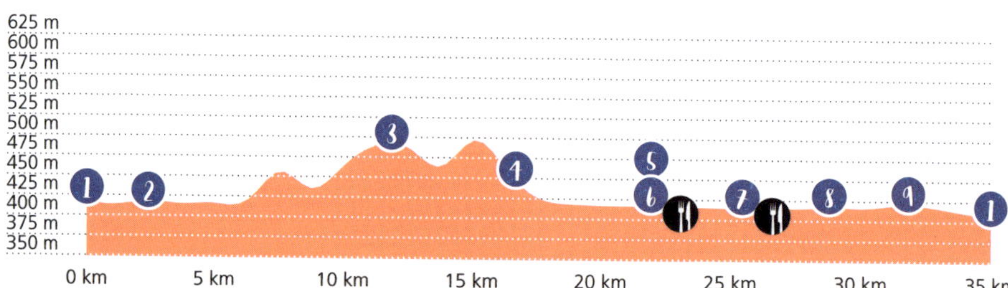

FRÄNKISCHE ADRIA

Ausflug in die Gunzenhausener Sommerfrische

Heute ist Baden angesagt. Im weiten Tal der Altmühl lädt dabei nicht nur der herrliche See dazu ein, auch an der Altmühl selbst streifen wir tolle Badeplätze. Zwischendurch müssen wir uns auf der Fahrt nach Arberg aber schon auch ein bisschen anstrengen.

35 Kilometer
250 Höhenmeter
250 Höhenmeter
3 Stunden
Rundtour

Die Stadt am Limes

Mitten im Zentrum des Fränkischen Seenlandes wird Gunzenhausen auch manches Mal bereits als Pforte zum Naturpark Altmühltal bezeichnet. Mit ihrer Lage direkt am Limes vereint sie somit spannende Kultur und herrliche Natur. Ein idealer Ausgangspunkt also für unsere heutige Tagestour. So schwingen wir uns am 1 / Marktplatz Gunzenhausen in den Sattel und radeln durch eine Gasse schräg gegenüber der Rathausstraße zur Promenade.

CHARAKTER

Sportlich ●●●○○
Abkühlung ●●●○○
Schlemmen ●●●●○
Panorama ●●●○○

TOURENINFO / Vornehmlich über asphaltierte Straßen, die meist jedoch kaum befahren sind. Um den Altmühlsee führt größtenteils ein fein geschotterter Weg. Der Anstieg nach Arberg ist steil und zieht sich. Die Route ist durchgängig beschildert. Am Altmühlsee und auch an der Altmühl gibt es einige tolle Bademöglichkeiten.

◀ links / An den Sandstränden am Altmühlsee lässt es sich prima rasten

Hier erwartet uns bereits ein Radschilderbaum mit einer ganzen Flut an Richtungsweisern. So folgen wir erstmal dem Schild geradeaus Richtung Unterwurmbach. Über die Freundschaftsbrücke geht's direkt zum Parkplatz an der Öttinger Straße. Wir queren sie und fahren geradewegs am Parkplatz vorbei auf einen Teerweg. Er bringt uns unter den Gleisen hindurch, über die B 13 und an Feldern vorbei hinaus ins Grüne. Nach zehn Minuten mündet er in einer T-Kreuzung, an der sich auch ehemals ein 2 / Limeswachposten befand. Ein Infoschild macht uns an dieser Stelle darauf aufmerksam.

Vom See ins Hinterland

Entgegen der Radschilder schwenken wir hier nach rechts, unterqueren die B 466 und fahren ein kurzes Stück parallel zu ihr auf dem schmalen Weg. Dann leitet uns die Route über die Walder Altmühl an den Altmühlsee, der uns glitzernd empfängt. Wir schwenken nach links und erreichen gleich darauf den ersten Sandstrand. Wer's nicht gar so eilig hat, kann durchaus jetzt schon einen erfrischenden Sprung in die Fluten wagen. Gemütlich geht's weiter am See entlang. Schnell passieren wir einen Spielplatz, einen Biergarten und schließlich das Segelcenter samt Hafen. Ein paar Minuten später schickt uns das Radschild nach links, weg vom See Richtung Wald. Am Ortsrand folgen wir der holprigen Kopfsteinpflasterstraße nach rechts. An der nächsten Gabelung treffen wir auf ein ganz neues Radschild – es beschildert einen neuen Radweg, der anlässlich des 1200. Geburtstages der Stadt angelegt wurde. Wir biegen also auch hier rechts ab und schwenken bei der nächsten Gelegenheit nach links. Mit der Ganzergasse geht's über die Staatsstraße aus dem Ort hinaus.

KARPFENGRUND

Der Altmühlsee ist sehr flach und damit auch sehr warm. So hat er sich einen Namen als Karpfengewässer gemacht. Denn die Rüssler lieben Badewannenambiente.

➤ rechts oben / Gunzenhausen hat ein malerisches Innenstädtchen

1200-

jähriges Jubiläum hat Gunzenhausen im Jahr 2023 gefeiert. Ein Geburtstagsgeschenk der Stadt ist der Jubiläumsradweg. Auf dem 70 km langen Rundweg werden alle 29 Orte im Gunzenhäuser Stadtgebiet miteinander verbunden. Auch wir streifen ihn immer wieder auf unserer Runde für kurze Abschnitte.

MARIEN-WALLFAHRT

In der Wehrkirche 3 / Mariä Heimsuchung kannst du dir eine Sakramentsnische von 1480 und wertvolle Fresken anschauen. Die Marienfigur ist von ca. 1460.

Zu einer ehemaligen Wallfahrtstation

Gemütlich rollen wir über die Landstraße bis ins nächste Örtchen Steinabühl. Wir folgen dem Straßenverlauf nach links, verlassen ihn jedoch gleich darauf nach rechts. Ab hier müssen wir uns ein bisschen mehr ins Zeug legen, denn ohne Steigungen schaffen wir es nicht durchs hügelige Hinterland. Dafür „erklimmen" wir das erste Bergerl auf einer breiten, wenig befahrenen Straße. Immer wieder streifen wir dabei kleinere Waldpassagen. Schließlich haben wir die erste Anhöhe geschafft und können kurz vor der nächsten Ortschaft an einem schönen Wegkreuz samt Rastbank verschnaufen. Von hier aus winkt auch schon der Kirchturm der ehemaligen Wallfahrtskirche Mariä Heimsuchung entgegen, die wir gleich besuchen. Dafür geht's nach Großlellenfeld hinein und auf der Hauptstraße durch den Ort bis zur Kirche 3 / Mariä Heimsuchung. An heißen Tagen tut es gut, sich einfach ein paar Minuten in dem schönen, kühlen Gotteshaus niederzulassen.

Im Schweiße unseres Angesichts nach Arberg

Ein wenig Kraft zu tanken ist nicht schlecht, denn nun erwartet uns die größte Herausforderung auf unserer heutigen Tagestour. Doch zunächst einmal steuern wir wieder auf unsere Route zurück. Dafür fahren wir entweder ein Stück die Hauptstraße durch den Ort zurück und biegen dann links Richtung Kemnathen ab, oder wir folgen dem Sträßlein immer rechts gehalten an der Kirche vorbei zurück auf die Straße nach Kemnathen. Auch jetzt haben wir fast durchweg die Straße für uns. Zur Entspannung sausen wir nochmal in den nächsten Ort hinunter. Wir rollen durch Kemnathen hindurch. Dann heißt's kräftig treten. Mit Restschwung nehmen wir den Arberg in Angriff. Auf der Höhe sehen wir schon den Fernmeldeturm. Wenn wir dort ankommen, haben wir es geschafft. Ab hier ist die restliche Tour ein überaus gemütlicher Pedaltreter. Entspannt flitzen wir die Straße hinunter und nach 4 / Arberg hinein. Ein Blick nach rechts in den Ort lohnt sich. Da steht der historische Torturm mit Wappenstein aus dem Jahr 1531.

12,5 KM

beträgt die Kronenlänge des Altmühlseer Staudamms. Das Absperrbauwerk umringt den See vollständig. Damit ist die aus Sand und Lehm aufgeschüttete Stauanlage die längste Deutschlands und macht den Altmühlsee zu einem einzigartigen Stausee.

Vom Mittelalter an den Altmühlstrand

Im Ort fahren wir geradeaus, an einem schönen Fachwerkhaus und dem Dorfbrunnen vorbei Richtung Ornbau. Am Ortsausgang,

---

‹ links / Kurzer aber herrlicher Abschnitt durchs Wiesethtal ^ oben / Ornbau steht wie eine kleine Festung da

gegenüber der Kapelle schwenken wir links auf den Radweg. Ab hier begleiten wir ein gutes Stück die St 2411. Entspannt folgen wir dem Radweg, den letzten Kilometer durchs Wiesethtal. Kurz vor dem Ortnächsten folgen wir dem Radschild weiter geradeaus Richtung Ornbau auf dem kürzeren Weg. Dafür müssen wir jedoch kurz auf die Staatsstraße fahren und auf diesem Weg die Altmühl queren. Nach der Brücke geht's rechts nach 5 / Ornbau hinein. Das idyllische Städtchen prahlt geradezu mit Stadtmauern, Türmen und Toren mittelalterlicher Baukunst und mutet uns auf den ersten Blick wie eine Miniaturausgabe von Rothenburg ob der Tauber an. Die kleine Stadtrundfahrt führt uns an der St. Jakobuskirche vorbei und über die mittelalterliche Brücke wieder hinaus ins Grüne. Gleich nach der Brücke schwenken wir links und folgen den Radschildern zurück zur Altmühl.

DIE GUNZENHÄUSER KERWA

findet bereits seit über 600 Jahren alljährlich im September statt und stellt eines der bedeutendsten Volksfeste in Franken dar.

Badefreuden und Vogelparadiese

Wieder am Fluss stoßen wir direkt aufs Altmühlflussbad Ornbau gegenüber der 6 / Altmühlinsel und dem gemütlichen Biergarten. Hier wäre schon mal ein schöner Platz, um die Wassertemperatur zu testen. Dann rollen wir mit dem Rad-

200 HA

groß ist das Naturschutzgebiet „Vogelinsel im Altmühlsee". Freizeit- und Naturschutzzone wurden strikt getrennt. So hat sich hier ein bedeutender Brutplatz für Vögel entwickelt. Über 300 Arten wurden bis heute am Altmühlsee nachgewiesen. Auf dem Rundweg kannst du sicher ein paar selten Wasservögel entdecken.

weg an der Altmühl entlang zur nächsten Badestelle, dem 7 / Flussbad Mörsbach auf der anderen Seite der Altmühl, auch mit schönem Biergarten. Dafür müssen wir nur mal schnell über die Brücke huschen. Schließlich bringt uns der Radweg nach einer viertel Stunde um eine Linkskurve, wenig später gleich nach einer Brücke nach rechts um das Nordende des Altmühlsees herum. Gleich darauf machen wir einen kurzen Stopp an der 8 / Vogelinsel, die wir über einen langen Holzsteg erreichen können. Weiter geht die Fahrt stets am Seeufer entlang. Zu unserer Linken begleiten uns die Altmühlauen, aus denen es stetig piepst und zwitschert und immer wieder Vögel aus dem hohen Gras hervorgeschossen kommen. So rollen wir eine viertel Stunde dahin. Am 9 / Kitesurfstrand können wir nochmal die kühnen Sprünge der Kiter bewundern, bis wir schließlich übers Seerestaurant und den Bootsanleger den See wieder verlassen. Im letzten km queren wir die B 466 und radeln stets geradeaus über die „Seepromenade" zurück zum 1 / Marktplatz Gunzenhausen.

‹ links / Die Vogelinsel ist ein ganz besonderes Fleckchen Erde ˄ oben / Der Rückweg führt toujours am Wasser entlang

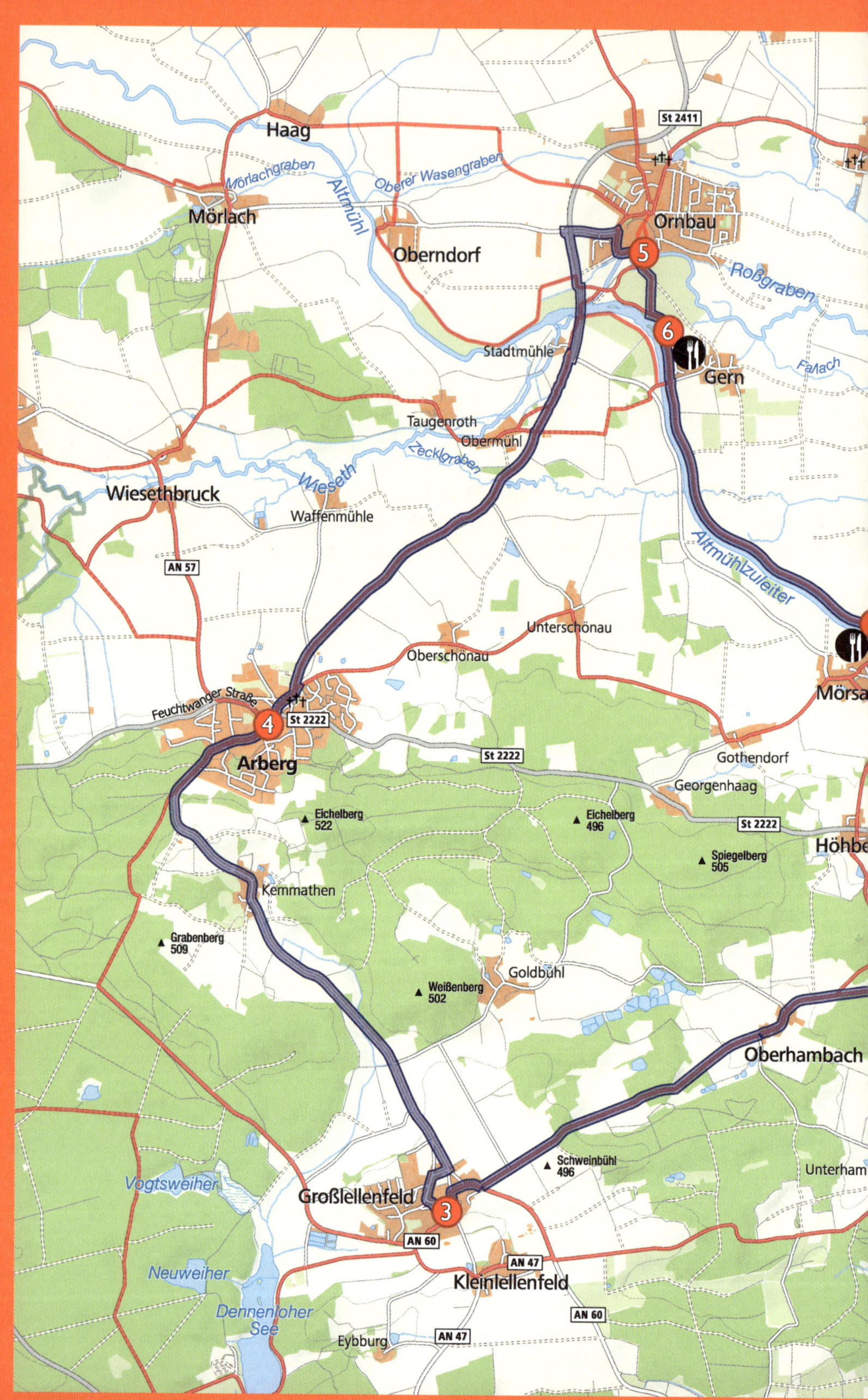

Haag
Mörlachgraben
Altmühl
Oberer Wasengraben
St 2411
Mörlach
Ornbau
5
Oberndorf
Roßgraben
6
Stadtmühle
Gern
Falach
Taugenroth
Obermühl
Zecklgraben
Wieseth
Wiesethbruck
Waffenmühle
AN 57
Altmühlzuleiter
Unterschönau
Oberschönau
Mörsa
Feuchtwanger Straße
4
St 2222
Arberg
St 2222
Gothendorf
Georgenhaag
Eichelberg 522
Eichelberg 496
St 2222
Höhbe
Spiegelberg 505
Kemmathen
Grabenberg 509
Goldbühl
Weißenberg 502
Oberhambach
Schweinbühl 496
Unterham
Vogtsweiher
Großlellenfeld
3
AN 60
AN 47
Kleinlellenfeld
Neuweiher
AN 60
Dennenloher See
Eybburg
AN 47

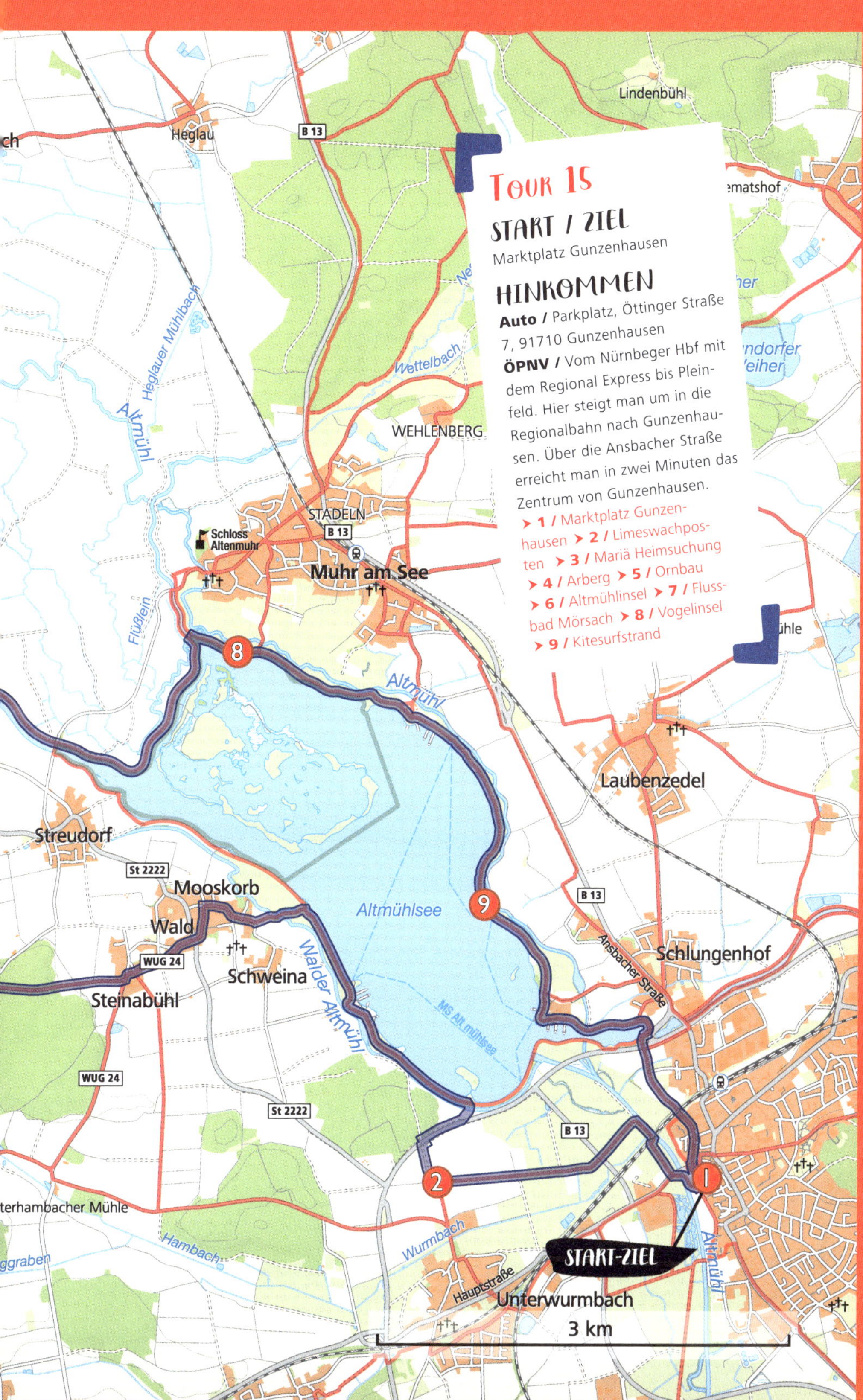

Tour 15

START / ZIEL

Marktplatz Gunzenhausen

HINKOMMEN

Auto / Parkplatz, Öttinger Straße 7, 91710 Gunzenhausen

ÖPNV / Vom Nürnbeger Hbf mit dem Regional Express bis Pleinfeld. Hier steigt man um in die Regionalbahn nach Gunzenhausen. Über die Ansbacher Straße erreicht man in zwei Minuten das Zentrum von Gunzenhausen.

> **1 /** Marktplatz Gunzenhausen > **2 /** Limeswachposten > **3 /** Mariä Heimsuchung > **4 /** Arberg > **5 /** Ornbau > **6 /** Altmühlinsel > **7 /** Flussbad Mörsach > **8 /** Vogelinsel > **9 /** Kitesurfstrand

STADT-ROMANTIK

Für diese Runde nehme ich mir den ganzen Tag Zeit. In den pittoresken Städtchen von Beilngries, Dietfurt und Berching gibt es allerhand zu erkunden.

➤ **1 /** Am Haus des Gastes in Beilngries heißt es auf- und am Abend auch wieder abgesessen!

➤ **2 /** Der Vitus Bildstock an der Altmühlbrücke birgt allerlei Geheimnisse.

➤ **3 /** Schoss Töging liegt direkt an der Strecke und ist einen kurzen Blick wert.

➤ **4 /** Die Altstadt Dietfurt hat viel zu bieten, da ist sicherlich eine kurze Sightseeingpause drin.

➤ **5 /** Im Naturbad Breitenbrunn finden wir an heißen Tagen eine tolle Abkühlung.

➤ **6 /** An der Abkürzung nach Dürn können wir uns entscheiden: Sportlich über einen Schotterweg oder gemütlich auf der Fahrstraße

➤ **7 /** Wie in einer anderen Zeit fühlen wir uns in Berching

➤ **8 /** Die Benediktinerabtei Kloster Plankstetten bietet neben der wunderschönen Klosterkirche auch einen tollen Biergarten.

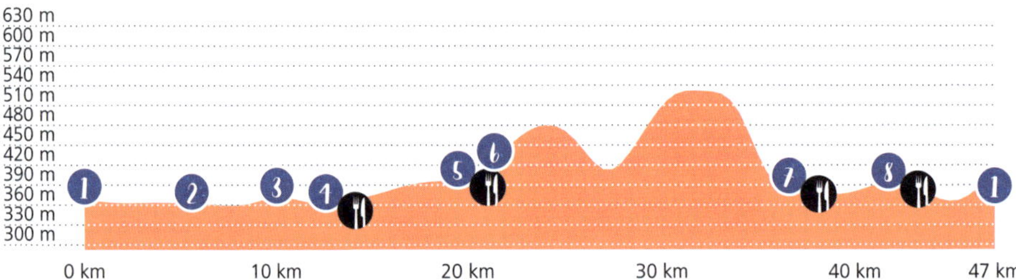

ALTSTADTRUNDE

Auenlandschaft und Altstadtflair von Beilngries nach Berching

Eine ausgedehnte Runde bestreiten wir heute, die uns durch vier größere und kleinere Flusstäler führt. Neben diesen landschaftlichen Schmakerln erwarten uns ein paar kulturell höchst interessante Städte.

47 Kilometer
640 Höhenmeter
640 Höhenmeter
4:45 Stunden
Rundtour

Von Beilngries aufs Land

Wir starten im schmucken Örtchen Beilngries mitten im Altmühltal, genauer gesagt am 1 / Haus des Gastes. Wir radeln an der Hauptstraße nach Süden zur Kreuzung und folgen den Radschildern geradeaus hinüber Richtung Kottingwörth. Der Radweg bringt uns schnell über die Altmühl und aus der Stadt hinaus. Nach ein paar Minuten schwenkt die Route nach links am Airport Beilngries entlang. Fast vier Kilometer folgen wir dem schönen Radweg, dann sehen wir schon die Kirchtürme von St. Vitus. An der alten Salzstraße drehen wir nach links. Vor der Brü-

CHARAKTER

Sportlich ●●●○○
Abkühlung ●●○○○
Schlemmen ●●●○○
Panorama ●●●●○

TOURENINFO / Die meiste Zeit fahren wir über gut geteerte Radwege, selten auch mal an der Straße entlang und noch seltener über Schotterwege. Der Anstieg nach Öning erfordert ein wenig Ausdauer. Badesachen fürs Naturfreibad einpacken!

< links / Der Radweg im Tal der Wissinger Laber ist ein Traum

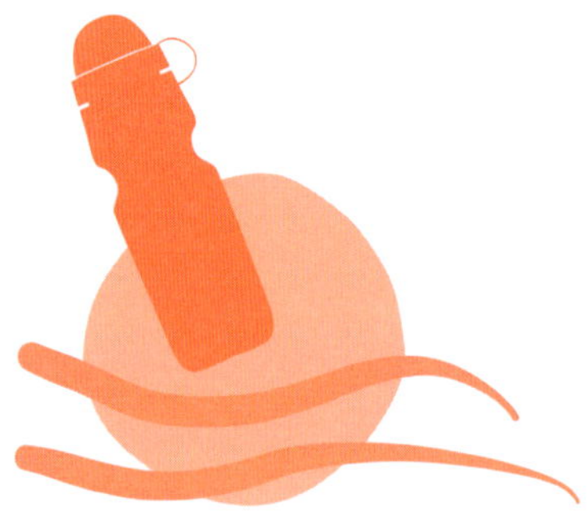

cke sehen wir schon eine Kapelle, unscheinbar daneben steht der 2 / Vitus Bildstock. Er birgt wohl einige Geheimnisse und ist einen kurzen Blick wert: Am unteren Rand des Aufsatzes findet sich ein Zackenfries, über dem früher die Jahreszahl 1494 gestanden haben soll. Auf der Säule selbst ist ein Fisch zu sehen. Vielleicht war hier einst die Grenze eines Fischlehens.

Mit Panoramablicken nach Dietfurt

Wir überqueren die Altmühl, halten jedoch auf der anderen Seite nochmal kurz inne: Zu unserer Rechten sehen wir ein kleines, leicht zu übersehendes Steinkreuz – als solches kaum noch zu erkennen. Eine Hinweistafel berichtet über die interessante Vergangenheit der Steinkreuze in der Gegend. Hinter der Brücke schwenken wir nach rechts. Gleich danach, am Gasthaus „Zur Sonne" halten wir uns nochmals rechts und radeln nun schnurgerade über das geteerte Weglein drauflos. Vor uns liegen saftige Wiesen, aber immer wieder wenden wir unseren Blick nach links zum Wolfsberg, der sich imposant über dem Tal erhebt. Das letzte Stück geht's direkt an den Altmühlauen nach Töging. An der Beilngrieser Straße fahren wir schräg nach rechts leicht bergan in die Johann-Hummel-Straße und folgen ihr geradewegs Richtung Ortskern. Kurz vor der Unterführung werfen wir zu unserer Rechten einen kurzen Blick auf 3 / Schloss Töging, welches von außen besichtigt werden kann. Dann rollern wir in sanftem bergab den Radweg hinunter. Auf der Kehlheimer Straße geht's über den Main-Donau-Kanal hinüber und kurz darauf in den nächsten Ort hinein. Die 4 / Altstadt von Dietfurt ist durchaus einen längeren Stopp wert – ob für ein frühes Mittagessen, eine späte Kaffeepause oder einfach nur ein Eis, dass man inmitten des hübschen kleinen Altstadtkerns genießen kann.

STEINKREUZE MIT GESCHICHTE

wie der 2 / Vitus Bildstock wurden im 15. & 16. Jhdt. bei Totschlag als Sühne festgelegt. 1539 wurden sie verboten, umgelegt & verstreut.

› rechts oben / Der Wolfsberg zieht alle Aufmerksamkeit auf sich

500

Meter erheben sich die Jurakalke des Malm am Wolfberg. Das Natura-2000 Gebiet ist ein Durchbruchsberg, d.h. er entstand durch die Erosion der umfließenden Flüsse. Seine unterschiedlichen Böden und Gesteine bieten eine hohe Vielfalt auf engstem Raum, darunter 550 teils sehr seltene Farn- und Blütenpflanzen.

ABKÜHLUNG AN DER LABER

Im 5 / Naturbad Breitenbrunn erwartet dich ein tolles Freibad – ganz ohne Chemie und in Kombination mit Grün, Holz und Laberwasser.

Gelbe Wiesen an der Weißen Laber

Irgendwann reißen wir uns aber doch wieder los und radeln auf der Hauptstraße bis zur Friedhofskirche. Hier biegen wir links ab, die Radschilder weisen uns Richtung Breitenbrunn. In nur wenigen Minuten bringt uns der Radweg an die Straße heran und folgt ihr dann parallel in einem weiten Rechts-, dann Linksbogen. Neben uns plätschert die Weiße Laber dahin. Rundherum leuchten saftig grüne Wiesen mit gelben Teppichmeeren. Der Hahnenfuß scheint sich hier ganz besonders wohl zu fühlen und lässt die Landschaft in den freundlichsten Gelbtönen leuchten. Schon bald wird die Weiße von der Wissinger Laber abgelöst. Nach zwanzig Minuten Radlvergnügen durch die herrlichen Flussauen und ohne großartige Steigungen nähern wir uns dem nächsten Ort.

Freibadfreuden und Rapsfelder

Kurz nach dem Campingplatz passieren wir das 5 / Naturbad Breitenbrunn. An heißen Tagen gibt es hier eine tolle Möglichkeit, sich in dem wunderschön angelegten Naturfreibad abzukühlen. Lecker ein-

kehren können wir auch noch! Im Anschluss folgen wir der kleinen Straße weiter auf den Ort zu. Aufgepasst jetzt: Keine 200 Meter nach dem Freibad knicken wir scharf nach links, überqueren eine schmale Holzbrücke und folgen einem schmalen Schotterweg am Sportplatz vorbei und in den Ort hinein. An der Kirche „Mariä Aufnahme in den Himmel" biegen wir rechts ab, an der Wirtschaft Lehnerwirt mit gemütlichem Biergarten geht's dann gleich wieder links. Sanft aufwärts radeln wir aus dem Ort auf der Straße hinaus, bis wir zu einem großen Parkplatz samt Wegkreuz kommen. Hier haben wir nun die Wahl für eine 6 / Abkürzung nach Dürm. Die Beschilderung des Juractiv leitet nach links einen ziemlich stark geschotterten Weg teils steil hinauf. Wer ein bisschen Mountainbike Feeling schnuppern möchte und auf diesen Wegen geübt ist, kann getrost abbiegen. Für die gemütlichere Variante bleiben wir auf der Straße und fahren in einem großen Linksbogen nach Dürm. Am Ende des Ortes halten wir uns an der Gabelung links und sausen dann erstmal gemütlich abwärts. Mit hoch erhobener Nase, denn es duftet überall nach Raps, und die gelben Felder leuchten schon von weitem. Auf der anderen Seite heißt es wieder kräftig aufwärts treten. Dann radeln wir wieder entspannt an der Weißen Laber entlang nach Erbmühle.

KM 17,5

Zwischen Dietfurt und Breitenbrunn wurde an den Auen der Wissinger Laber zwischen 1994 und 1999 eine Jubiläumsallee vom Verein für Gartenbau und Landschaftspflege Breitenbrunn gepflanzt. Die romantische Allee gibt dem Radweg nochmal einen ganz eigenen Charme.

< links / Der Ortskern von Dietfurt lockt mit seinem malerischen Altstadtbild ^ oben / In Berching wurde Gluck mit einer bronzenen Statue ein Denkmal gesetzt

Rauf rauf rauf – und wieder runter

Einmal durchatmen, dann alle Kräfte bündeln. Die nächsten zwei Kilometer heißt es treten – zwar nicht so steil, aber stetig geht's aufwärts auf dem Sträßchen. Erst am Waldrand entlang, dann durch den Wald bis nach Öning. An der Kirche St. Nikolaus vorbei erreichen wir kurz darauf die Freiwillige Feuerwehr. Hier folgen wir der Einladung des Radweges nach rechts, an Obstbäumen vorbei und noch immer – sehr sachte aber jetzt – hinauf. Beim Kreisverkehr geht's geradeaus hinüber und dann noch gute vier Kilometer neben der Straße her nach Berching. Zum Schluss sausen wir den Berg hinab und überqueren am Ortsrand die Straße. Gleich darauf biegen wir rechts ab, am Ludwig-Donau-Main-Kanal entlang. Die Route schickt uns um 180° nach links herum auf eine kopfsteingepflasterte Straße, mit der wir schließlich über die Johannesbrücke und durchs Mittlere Stadttor nach 7 / Berching rollern.

SOHN EINES FÖRSTERS

Christoph Willibald Gluck aus 7 / Berching macht sich im 18. Jhdt. als Komponist einen Namen. In der Operngeschichte beschritt er ganz neue Wege.

Am Kanal retour

Nach einem kurzen Aufenthalt in schönem Altstadtambiente schickt uns die Beschilderung nach Plankstetten.

KM 41,7

Das ehrwürdige 8 / Kloster Plankstetten thront seit 1129 am Hang des Sulztales. Sein barocker Stil zeigt sich seit Anfang des 18. Jhdt. Im Klosterhofladen kannst du Produkte aus klostereigener, ökologischer Herstellung kaufen. Nicht zu vergessen die Klosterschänke, die immer für eine kleine Einkehr gut ist.

Dafür folgen wir dem Main-Donau-Kanal nach Süden. Der Weg ist zwischendurch mal fein geschottert und nach zehn Minuten wechseln wir an der Schleuse die Uferseite. Dann fahren wir gemütlich ein wenig entfernt vom Kanal in den nächsten Ort, um dort das 8 / Kloster Plankstetten zu besuchen. Unterhalb des Klosters setzen wir unseren Weg fort. An den ersten Häusern von Biberbach biegen wir scharf links ein, um dann wieder dem Kanal die letzten Kilometer nach Beilngries zu folgen. Am Schiffsanleger biegen wir rechts ab und radeln kurz darauf am Utzmühlenweg links an der Sulz entlang. Nach einer Straßenquerung und kurz hinter dem Park schwenken wir nach rechts und mit der Hauptstraße wieder nach links zurück zum 1 / Haus des Gastes.

← links / Kloster Plankstetten lockt zu einer letzten Einkehr ↑ oben / Am Main-Donau-Kanal radeln wir gemütlich nach Beilngries zurück

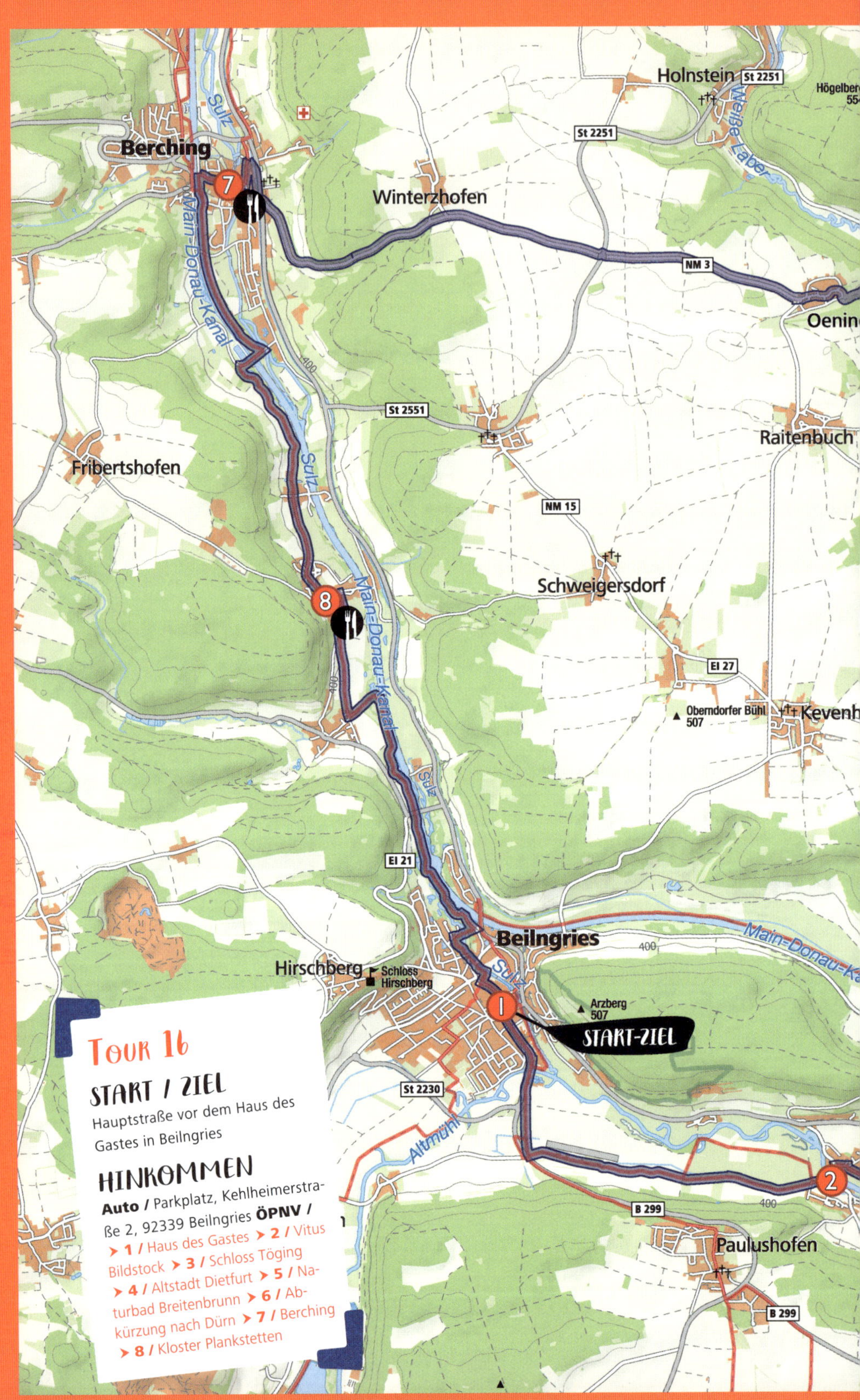
Holnstein
St 2251
Weiße Laber
Berching
Sulz
7
Winterzhofen
Main-Donau-Kanal
NM 3
400
St 2551
Raitenbuch
Fribertshofen
Sulz
NM 15
Schweigersdorf
8
Main-Donau-Kanal
EI 27
Oberndorfer Bühl 507
400
Sulz
EI 21
Beilngries
400
Main-Donau-Kanal
Hirschberg
Schloss Hirschberg
Sulz
1
Arzberg 507
START-ZIEL
St 2230
Altmühl
2
400
B 299
Paulushofen
B 299
Tour 16
START / ZIEL
Hauptstraße vor dem Haus des Gastes in Beilngries
HINKOMMEN
Auto / Parkplatz, Kehlheimerstraße 2, 92339 Beilngries ÖPNV /
➤ 1 / Haus des Gastes ➤ 2 / Vitus Bildstock ➤ 3 / Schloss Töging ➤ 4 / Altstadt Dietfurt ➤ 5 / Naturbad Breitenbrunn ➤ 6 / Abkürzung nach Dürn ➤ 7 / Berching ➤ 8 / Kloster Plankstetten

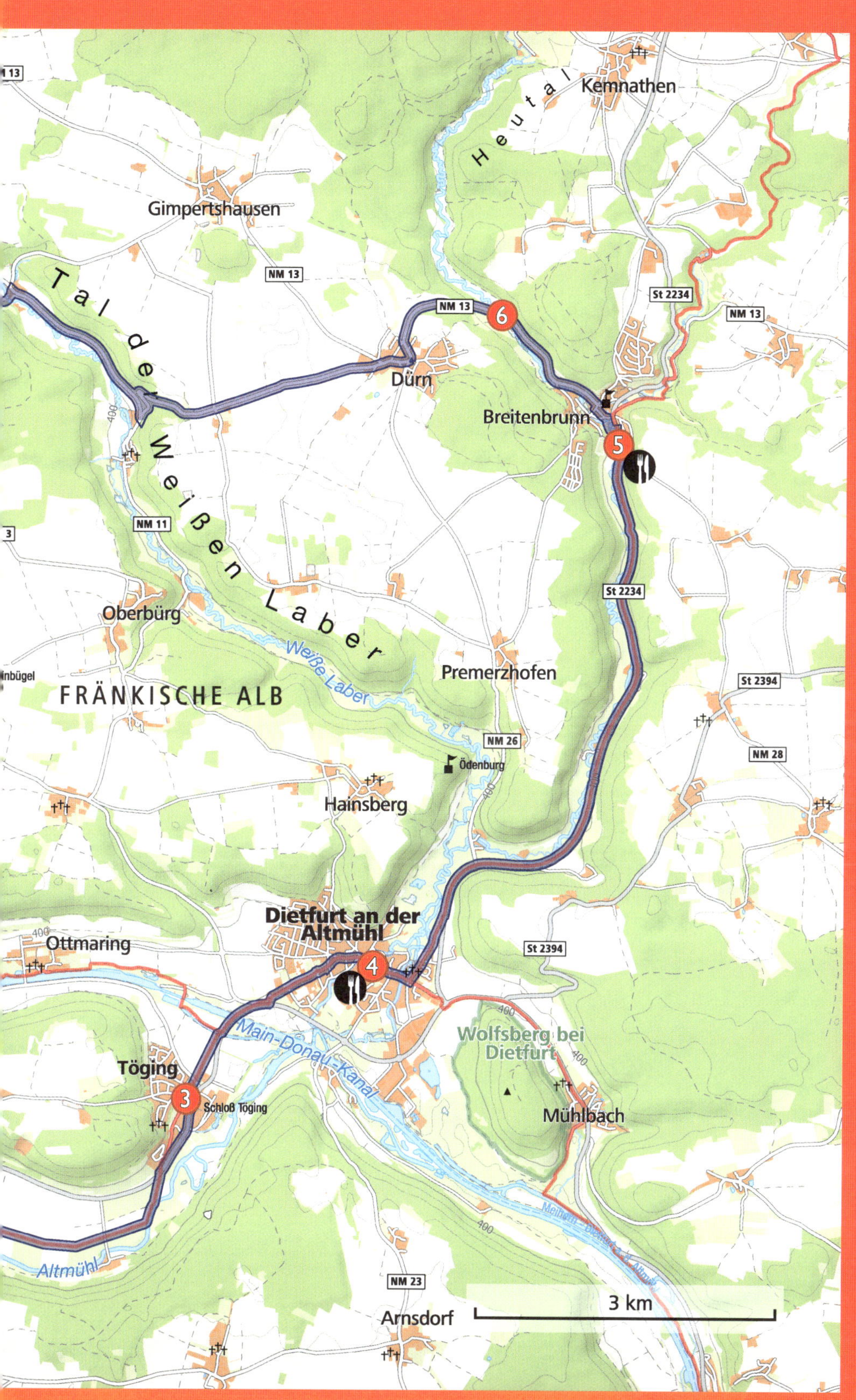
Kemnathen
Heutal
Gimpertshausen
NM 13
Tal der Weißen Laber
Dürn
Breitenbrunn
St 2234
Oberbürg
Weiße Laber
Premerzhofen
FRÄNKISCHE ALB
St 2394
NM 26
Ödenburg
NM 28
Hainsberg
NM 11
Dietfurt an der Altmühl
Ottmaring
Main-Donau-Kanal
Wolfsberg bei Dietfurt
Töging
Schloß Töging
Mühlbach
Altmühl
NM 23
Arnsdorf
3 km

LEHRREICH UND ENTSPANNT!

Auf dieser Tour kann ich mich einfach „treiben" lassen. Neben vielen kulturellen Highligts heißt es immer wieder: Beine in die Luft, Sonne genießen!

› 1 / Am weitläufigen Residenzplatz in Eichstätt startet unsere Tour

› 2 / Spannende Infos rund ums Bienenleben gibt's am Lehrbienenstand

› 3 / Eindrucksvoller künstlerischer Kosmos: Der Lechner Skulpturenpark

› 4 / Eines der schönsten, bayerischen Geotope ist der Burgsteinfelsen

› 5 / Informative Einblicke gewährt das Altmühlzentrum Burg Dollenstein

› 6 / In der Hammermühle gibt's eine tolle Brotzeit

› 7 / Einen Abstecher wert: Die Wallfahrtskirche Maria End

› 8 / Relaxed haben wir von hier einen Blick auf die 12 Apostel

› 9 / Hier erhaschen wir einen kurzen Blick auf Burg Pappenheim

› 10 / Die letzte historische Augenweide für heute: Schloss Treuchtlingen

› 11 / Der Bahnhof Treuchtlingen ist das Ziel unserer herrlichen Radltour

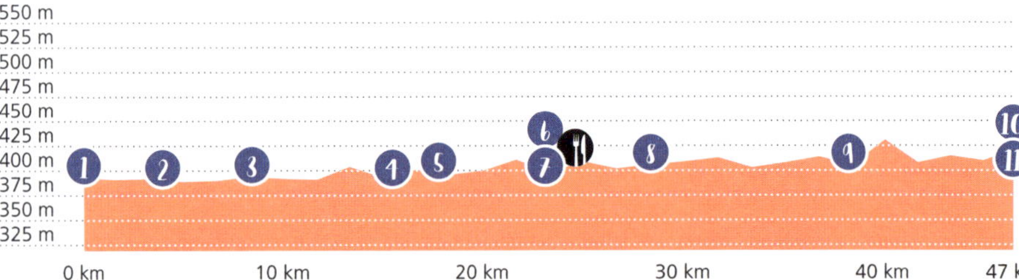

DURCH DEN BAYERN JURA

Klassiker zwischen Eichstätt und Treuchtlingen

Unsere heutige Radlstrecke führt uns durchs Altmühltal auf dem weithin bekannten, gleichnamigen Radweg. Es heißt ja, dieser Streckenabschnitt soll der schönste der gesamten Route sein. Da sind die Erwartungen groß – aber wir werden nicht enttäuscht. Unterwegs können wir uns gar nicht satt sehen an grünen Flussauen und imposanten Jurafelsen. Für Abwechslung sorgen viele kulturelle Highlights, die die Tour zu einem echten Erlebnis machen.

47 Kilometer
390 Höhenmeter
360 Höhenmeter
4:30 Stunden
Streckentour

Durch die sanften, oberbayerischen Auen

Der weitläufige 1 / Residenzplatz in Eichstätt ist wohl einer der schönsten Barockplätze Süddeutschlands. So wie uns das architektonische Ensemble von Weltrang heute erscheint, wurde es zwischen 1700 und 1777 vollendet. Geziert wird der Platz von zwei barocken Brun-

CHARAKTER

Sportlich ●●●○○
Abkühlung ●●●○○
Schlemmen ●●●●○
Panorama ●●●●●

TOURENINFO / Wir folgen heute ausschließlich dem gut markierten Altmühltalradweg. Meistens befahren wir asphaltierte Radwege, ab und an geht's auch mal über Wald- und Schotterwege. An der Altmühl gibt es immer wieder schöne Plätze zum Abkühlen.

◂ links / Jurafelsen und herrliche Wiesen erwarten uns im Altmühltal

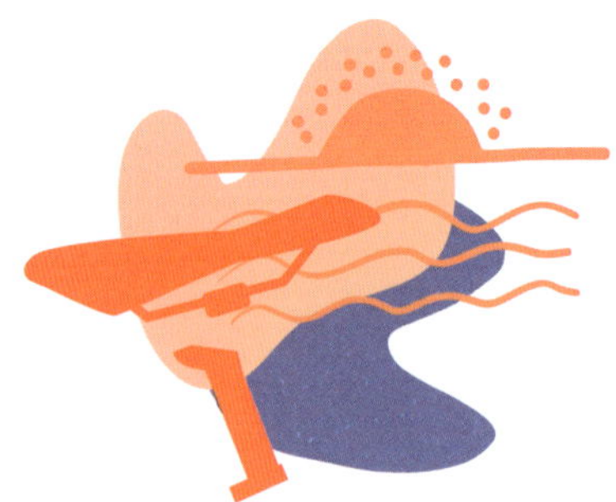

nen. Ein bisschen holprig fahren wir über das Kopfsteinpflaster nach Norden und über die Spitalbrücke zum Bahnhofsplatz. Wir schwenken über den Franz-Xaver-Platz nach rechts und erreichen kurz darauf den Altmühltalradweg, der ab jetzt unser ständiger Begleiter sein wird. Wir radeln an einem riesigen Parkplatz vorbei und über den Franz-Göpfert-Steg hinüber und unter der Willibaldsbrücke hindurch. Allmählich lassen wir die letzten Häuser der Stadt hinter uns und folgen der Altmühl in einem weiten Linksbogen um die Stadt herum. Dann leiten uns die Radschilder zur Staatsstraße, an der wir nach kurzem an einem 2 / Lehrbienenstand einen informativen Stopp einlegen. Schließlich geht's gemütlich zwischen Straße und Altmühl bis kurz vor Wasserzell. Wir queren die Straße nach rechts und rollern nun endgültig ins Grüne hinaus. Gleich darauf passieren wir das Renaturierungsprojekt, durch das der Lauf der Altmühl wiederhergestellt wurde.

RENATURIERUNG DER ALTMÜHL

Bei Wasserzell erhielt die Altmühl 2008 ihre einst künstlich abgetrennte Schleife wieder zurück – und dankte es mit einem artenreichen Biotop.

Steinbruch und Badestellen

Ein paar Minuten radeln wir noch durch die flache Landschaft, dann überqueren wir die Straße. Jetzt müssen wir uns das erste Mal ein bisschen anstrengen, denn es gilt einen kleinen Anstieg nach Obereichstätt zu überwinden. Gleich darauf kommen wir am 3 / Lechner Skulpturenpark vorbei. Der Park von Alf Lechner hat eine spannende Geschichte und kann im Rahmen einer Führung besichtigt werden. Nur ca. 100 Meter weiter gibt es linker Hand ein Kneippbecken, das von der Quelle des Hüttenbaches gespeist wird. Die Obere Dorfstraße und die Straße Am Wasserwerk bringen uns schließlich wieder aus dem Ort hinaus. An saftigen Wiesen vorbei geht's bald wieder über die Altmühl. An der kleinen Brücke können wir beim Kajak Anlegeplatz kurz die Füße ins Wasser hängen.

➤ rechts oben / Der Lechner Skulpturenpark umfasst ein 23.000 m² großes Areal

253 KM

windet sich der Altmühltal-Radweg zwischen Rothenburg o.d. Tauber und Kehlheim durch die Naturparks Frankenhöhe & Altmühltal. Dem Lauf der Altmühl folgt er jedoch erst ab Hornau. Dort entspringt das muntere Flüsschen und bahnt sich seinen Weg durch den Bayerischen Jura, bis es bei Kehlheim in die Donau mündet.

GEOTOPE

sind heute Schlüsselstellen, die Erkenntnisse über die Erdentwicklung geben. Sie sind bedeutend für Wissenschaft und Allgemeinheit und besonders schützenswert.

Jurafelsen und Trockenhänge

Unser Radweg leitet uns bald darauf wieder ans andere Ufer des Flusses. Wir rollern nun ein Weilchen an der Altmühl entlang, bei Breitenfurt am Zeltplatz samt Freibad vorbei. Die Route beschreibt einen sanften Rechtsbogen, da schiebt sich auch schon der markante 4 / Burgsteinfelsen in unser Blickfeld. Der gut 50 Meter hohe, turmartige Felsen ist eines der bedeutendsten Geotope Bayerns. Sein markanter Fels ist Teil einer Kalkplattform, die in einem subtropischen Flachmeer zur Zeit des Oberen Jura abgelagert wurde. Weiter geht's entlang der Trockenhänge bei Dollnstein, einem 62 ha großen Naturschutzgebiet. Danach erreichen wir Dollnstein und das 5 / Altmühlzentrum Burg Dollnstein, das in der Burg Dollnstein untergebracht ist. Die Ausstellung über Burgen des Altmühltals und die Fluss- und Landschaftsgeschich-

te ist recht interessant. Nach Dollnstein geht's zwischen Bahngleisen und Fluss entlang, immer wieder an spannenden Felsformationen vorbei. Kurz vor Hagenacker queren wir die Gleise, dann machen wir mit der Altmühl einen Linksbogen und gelangen nach zehn Minuten zur 6 / Hammermühle. Hier ist ein schönes Plätzchen für eine erste, längere Pause im Biergarten oder einfach direkt an der Altmühl.

19.02.1785

Ein 3 kg schwerer Meteorit krachte auf Breitenfurter Gemarkung in einen Ziegelstapel und ging als der „Meteorit von Eichstädt" in die Annalen ein. Heute sind von diesem historischen Fall nur noch kleine Stückchen in Museen und privaten Sammlungen vorhanden.

Spurensuche in den Steinbrüchen des Altmühltals

Nach dem stärkenden Stopp satteln wir wieder auf und radeln vor bis zur Staatsstraße, an der wir links abbiegen. Am Kreisverkehr halten wir kurz inne: Ein großer Runder Stein markiert hier die Stelle, an der einst ein Archaeopteryx gefunden wurde – und nicht nur er. 2018 wurde im Besuchersteinbruch Mühlheim ein Flügel des Alcmonavis entdeckt. Wir verlassen den Kreisel an der ersten Ausfahrt. Beim Kneippbecken weist uns die Route nach rechts, wir machen jedoch geradeaus einen kurzen Abstecher zur schönen 7 / Wallfahrtskirche Maria End. Dann geht's weiter auf dem Altmühltalradweg. Nach einer viertel Stunde wird unsere Aufmerksamkeit nach rechts gelenkt. Die 12 Apostel leuchten zu uns herüber und begleiten uns ein kurzes Wegstück. An

---

< links / Der Burgsteinfelsen winkt schon von weitem am Altmühltalradweg ^ oben / Bei den 12 Aposteln finden wir eine Rastbank mit Aussicht

einer Panoramabank verweilen wir kurz, um den 8 / Blick auf die 12 Apostel zu genießen. Die Felsformation ist einer der landschaftlichen Höhepunkte im Naturpark. Kurz darauf radeln wir am Ortsrand von Solnhofen vorbei. Der Ort ist auf Grund seiner Plattenkalke bekannt geworden, die nicht nur als Baumaterial dienen, sondern teils einen überwältigenden Fossilienreichtum aufweisen.

SOLNHOFENER PLATTENKALK

wurde vor 150 Mio. Jahren aus kleinsten, pflanzlichen Überresten gebildet, die sich auf dem Meeresboden ablagerten. Versteinerungen inklusive.

Endspurt durch Mittelfranken

Von Solnhofen radeln wir nun eine gute halbe Stunde über Zimmern stets recht nah an der Altmühl nach Pappenheim. Über die Bahnhofsstraße geht's Richtung Ortskern. Bei der Kirche Mariä Himmelfahrt schwenken wir kurz links, dann gleich wieder rechts und rollen erst am Alten und nach der Linkskurve am Neuen Schloss vorbei. Bei der Tourist Info halten wir uns rechts in den Marktplatz mit seinen schönen, alten Häuschen. Die Radschilder leiten uns wieder zur Altmühl, über die Brücke und dann gemütlich über den Ortsrand aus Pappenheim hinaus. Kurz nach den letzten Häusern erhaschen wir an der S-Kurve einen schönen 9 / Blick auf Burg Pappen-

KM 37,5

Mit dem 9 / Blick auf Burg Pappenheim kommen wohl jedem die geflügelten Worte „Ich kenn doch meine Pappenheimer" in den Sinn. Friedrich Schiller war es, der in seiner Wallenstein-Trilogie diesem Ausspruch ein ewiges Denkmal setzte.

heim. Hinter Pappenheim erwartet uns erstmal ein hübsches Stückchen über einen Waldweg am lichten Waldrand entlang, bevor wir wieder mit Sicht auf die Altmühl ans kleine Städtchen Dietfurt in Mittelfranken gelangen. Hier queren wir den Fluss, schwenken direkt nach der Brücke nach rechts und radeln unterhalb der Kirche wieder aus dem Ort hinaus. Die letzten Kilometer bringt uns das Dietfurter Sträßchen bis zum Zeltplatz. Hier halten wir uns rechts und radeln auf der Kanalstraße nach Treuchtlingen hinein. Bevor wir unser endgültiges Ziel erreichen, machen wir an der Hauptstraße einen Abstecher nach rechts, um einen Blick auf 10 / Schloss Treuchtlingen zu werfen. Über die Hauptstraße zurück geht's zur Bahnhofstraße – am Eckplatz gibt es ein tolles Eiscafé – und zum 11 / Bahnhof Treuchtlingen. Aufgepasst, der Zug fährt nur bis Eichstätt Bahnhof, dann muss man umsteigen Richtung Eichstätt Stadt.

< links / Schloss Treuchtlingen ist nicht nur von außen spannend anzusehen ^ oben / Unser Blick zurück trifft nochmal auf Burg Pappenheim

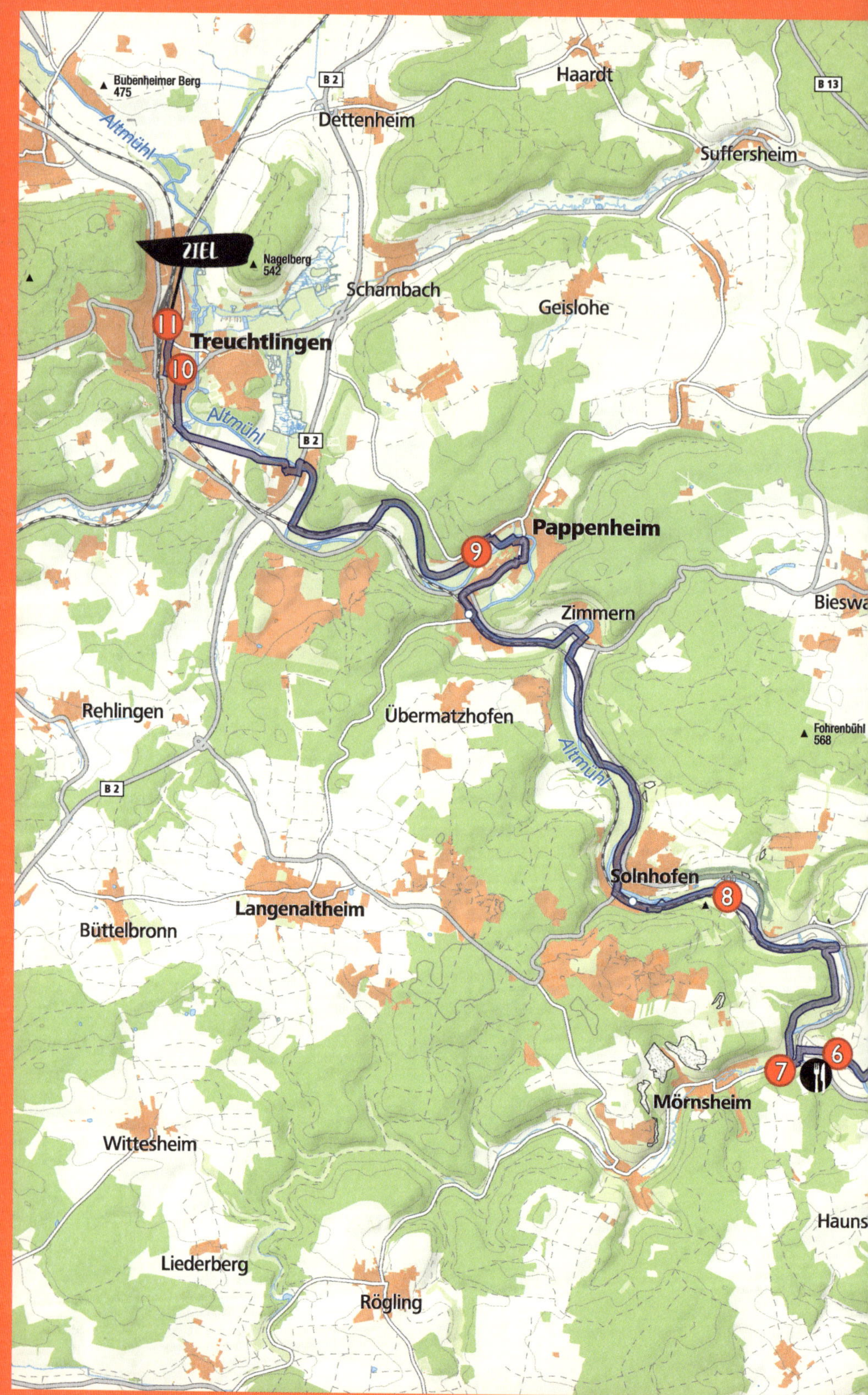

Bubenheimer Berg
475
Altmühl
B 2
Dettenheim
Haardt
B 13
Suffersheim
ZIEL
Nagelberg
542
Schambach
Geislohe
11
Treuchtlingen
10
Altmühl
B 2
Pappenheim
9
Zimmern
Bieswa
Rehlingen
Übermatzhofen
Fohrenbühl
568
Altmühl
B 2
Solnhofen
8
Langenaltheim
Büttelbronn
6
7
Mörnsheim
Wittesheim
Hauns
Liederberg
Rögling

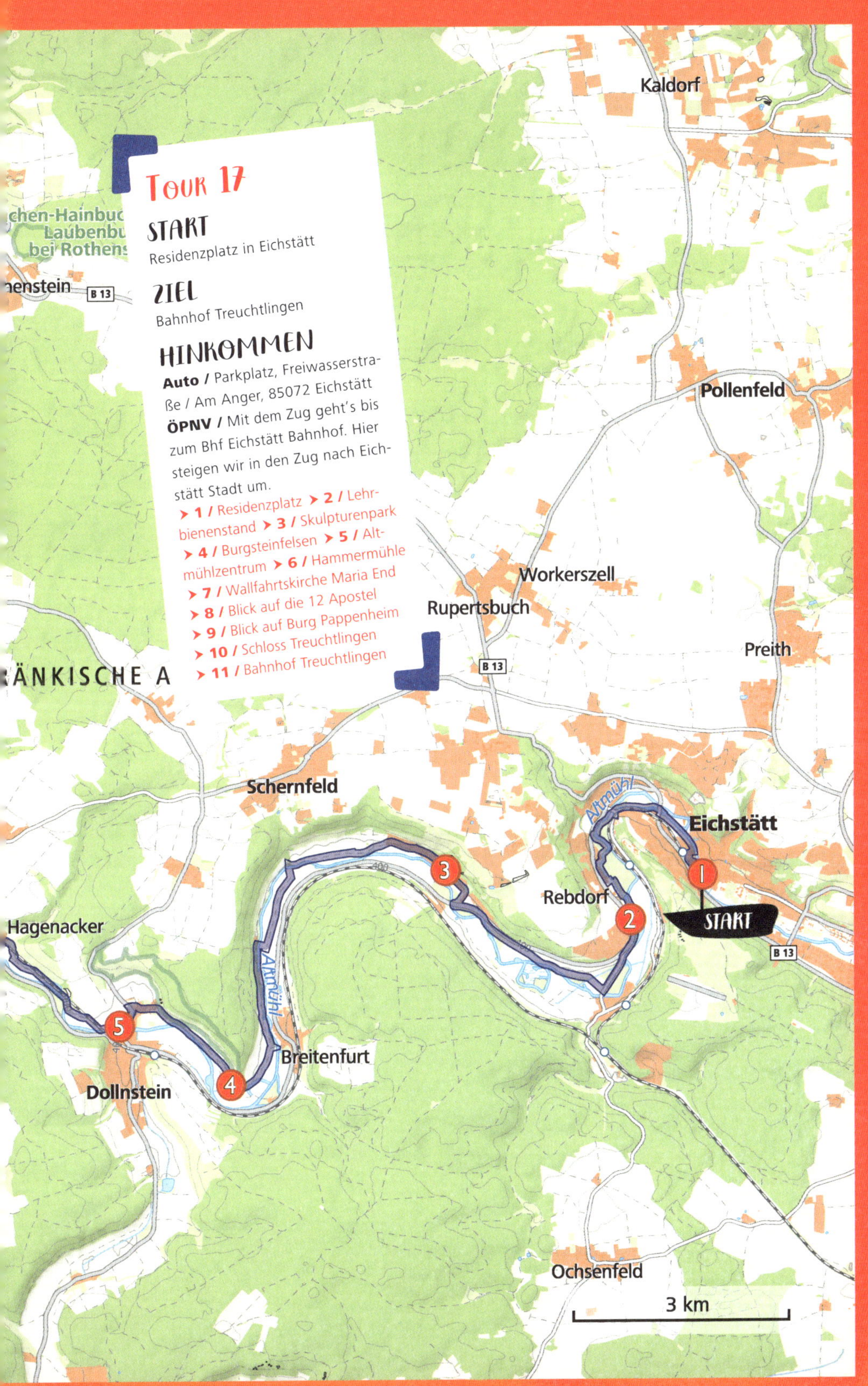

Tour 17

START
Residenzplatz in Eichstätt

ZIEL
Bahnhof Treuchtlingen

HINKOMMEN
Auto / Parkplatz, Freiwasserstraße / Am Anger, 85072 Eichstätt
ÖPNV / Mit dem Zug geht's bis zum Bhf Eichstätt Bahnhof. Hier steigen wir in den Zug nach Eichstätt Stadt um.

➤ **1 /** Residenzplatz ➤ **2 /** Lehrbienenstand ➤ **3 /** Skulpturenpark ➤ **4 /** Burgsteinfelsen ➤ **5 /** Altmühlzentrum ➤ **6 /** Hammermühle ➤ **7 /** Wallfahrtskirche Maria End ➤ **8 /** Blick auf die 12 Apostel ➤ **9 /** Blick auf Burg Pappenheim ➤ **10 /** Schloss Treuchtlingen ➤ **11 /** Bahnhof Treuchtlingen

FUNKELNDE WEIHER

Perfekt für sonnige, doch nicht zu heiße Tage. So wird's trotz langer Runde nicht zu warm, die funkelnden Weiher kann ich noch dazu genießen.

➤ **1 /** Vom Engelgarten radeln wir an der alten Stadtmauer aus der Stadt

➤ **2 /** Die kleine Antoniuskapelle steht besonders schön auf einer Anhöhe

➤ **3 /** Mit dem Kellerberg Voggendorf begrüßt dich eine tolle Familienbrauerei

➤ **4 /** Im Brauereigasthof Prechtel können wir Aischgrunder Karpfen essen

➤ **5 /** Vom Storchennest können wir die Storchennester sehen

➤ **6 /** Der Aussichtspunkt am Nutzweiher ist ideal, um Vögel zu beobachten

➤ **7 /** An sonnigen Tagen glitzern die Seebachweiher um die Wette

➤ **8 /** Für einen Zwischenstopp kommt der Brauereigasthof Geyer gerade recht

➤ **9 /** Wasserschloss Weisendorf ist ein imposanter Blickfang

➤ **10 /** Kairlindach ist mit Weiher und Kirche ein malerischer Ort

➤ **11 /** Letzter Einkehrschwung in Dannberg vor dem Endspurt

➤ **12 /** Augen auf für die Piepmatze heißt's im Weihergebiet Mohrhof

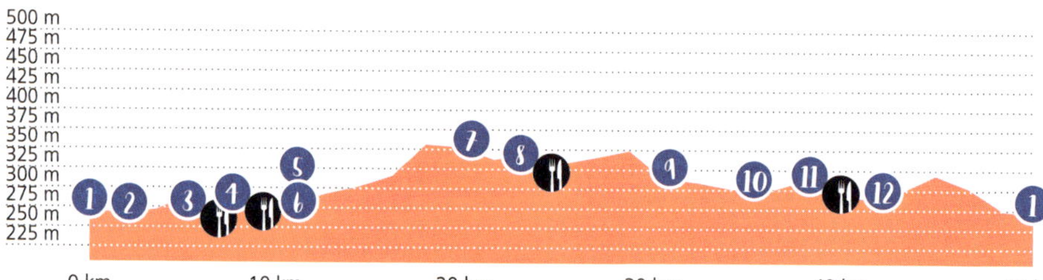

AB INS KARPFENLAND

Von Höchstadt in die Aischgründe

Heute radeln wir im Karpfenland Aischgrund auf Entdeckungsreise. Dabei schlängeln wir uns über Nebenrouten durch die kleinteilige Teichlandschaft im Einzugsgebiet der Aisch und ihrem Talgrund. Dabei gibt's nicht nur Karpfenteiche zu entdecken…

50 Kilometer
420 Höhenmeter
420 Höhenmeter
4:30 Stunden
Rundtour

Mit der Aisch nach Voggendorf

Los geht's am Parkplatz beim 1 / Engelgarten. Der kleine Park liegt idyllisch eingebettet zwischen Aisch und der historischen Stadtmauer, der wir gleich einmal folgen. An den beiden winzigen Torbögen müssen wir den Kopf einziehen. Kurz vor der Brückenstraße geht's über die Alte Aischbrücke, dann aber nicht auf dem Radweg unten durch, sondern direkt zur Straße und mit ihr über die Brücke. Am Karpfenkreisel nehmen wir die erste Ausfahrt und radeln auf der linken Seite gemütlich aus der Stadt

CHARAKTER
Sportlich ●●●○○
Abkühlung ●●○○○
Schlemmen ●●●○○
Panorama ●●●●○

TOUR, DIE DU SO NIE GEMACHT HÄTTEST

TOURENINFO / Asphaltierte Wege und Schotterwege halten sich die Waage. Zwischen Buch und Weisendorf geht's ein Stück die Staatsstraße entlang. Im Sommer ist die Tour nicht zu unterschätzen, da sie fast gänzlich schattenlos verläuft. Der erste Teil ist gut beschildert, im Aischgrund sind die Radschilder eher rar.

‹ links / Heute sind wir dem Karpfen auf der Spur

hinaus. Nach einem Weiher entfernt sich der Radweg allmählich von der Bundesstraße. Entlang der Straße leitet er uns direkt zur Aisch. Wir lassen das Örtchen Greiendorf hinter uns und bleiben auch nach Sterpersdorf stets geradeaus, bald auf einer ruhigen Straße. Ein paar Minuten später zweigt ein Sträßlein links hinauf zum Gasthaus Lauerberg ab, an dem wir der 2 / Antoniuskapelle mit tollem Blick auf Lonnerstadt einen kleinen Besuch abstatten. Dann sausen wir das Bergerl wieder hinunter und radeln über Weidendorf nach Voggendorf.

Von Storchen belagert

Gleich zu Beginn des Ortes schweift unser Blick nach links, zum 3 / Kellerberg Voggendorf. An der Kreuzung unterhalb des Kellerbergs halten wir uns rechts über die Mühlstraße nach Uehlfeld. Durchs Torhaus geht's ins Zentrum. Und jetzt heißt es Augen auf – oder besser gesagt: Hinauf! Denn hier hat sich's Adebar gemütlich gemacht. Mit der B470 geht's durch den Ort – der 4/ Brauereigasthof Prechtel ist auch noch eine schöne Einkehrmöglichkeit. Am Ortsausgang wechseln wir auf den Radweg, der uns kurz nach Ortsende nach Demantsfürth bringt. An den Häusern biegen wir links ab zum 5 / Storchennest. Vom kleinen Aussichtshügel haben wir einen guten Blick hinüber nach Uehlfeld und zu den Storchenhorsten. Die Radschilder leiten uns einmal nach rechts und wieder links geschwungen wieder zur Landstraße, der wir bis zum Ortsrand folgen.

BIERKELLER MIT TRADITION

Ob früh oder spät, am 3 / Kellerberg Voggendorf kann man immer Pause machen. Hier gibt's noch Kellerbier vom Fass aus der eigenen Brauerei.

Aischgrund, wir kommen!

Gegenüber vom Spielplatz fahren wir geradeaus. Jetzt beginnt das Abenteuer Aischgrund, das uns am Hühnergraben entlangführt und nach einer sanften Linksbiegung mit den ersten Weihern be-

---

➤ **rechts oben / Durchs Torhaus radeln wir nach Uehlfehld hinein**

53

Storchenhorste gibt es in Uehlfeld, Tendenz steigend. Überall auf den Dächern klappern die Weißstörche. Allein auf dem Kirchturm haben sie fünf Nester gebaut. Sieht ganz so aus, als hätte es sich unter den Störchen herumgesprochen, dass Uehlfeld ein Paradies zum Nisten ist.

R-MONATE

Im Sommer frisst sich der Karpfen selbst satt. Darunter kann die Fleischqualität leiden. So kommt er traditionell nur von September bis April auf den Tisch.

grüßt. So radeln wir an den Schwarzweihern vorbei, an der Abzweigung danach weiter geradeaus und halten uns kurz darauf an der Gabelung mit Infoschild links. Am Ende des 6 / Nutzweihers können wir über einen Steg zu einem Vogelbeobachtungspunkt gehen. Am breiten Teerweg fahren wir rechts hinauf, am Wildgehege vorbei und rollen linksrum entspannt bis Peppenhöchstädt. Radschilder leiten uns zu Ortsbeginn nach rechts hinauf und an zwei idyllischen Weihern vorbei nach Traishöchstädt. Im Ortskern geht's links und mit der Straße nach Arnshöchstädt.

Zu den Seebachweihern

Noch vor den ersten Häusern weist uns ein Radschild nach rechts Richtung Oberreichenbach. Wir sausen den Schotterweg am Weiher vorbei hinab. Langsam erhebt er sich auf der anderen Seite wieder gegen den Wald zu. Hier ist es ein bisschen mühsam zu fahren, der weiche Sandweg wechselt in einen etwas gröber geschotterten Weg. Und das auch noch bergauf… Doch schließlich erreichen wir die Höhe mit einem Windrad und tauchen geradewegs in den angenehm kühlen

Wald ein. Ein paar Minuten genießen wir dieses vollkommen andere Ambiente, dann bringt uns der Weg nach Rezelsdorf. Wir überqueren die Straße, an der St. Katharinen-Kirche vorbei und radeln nach dem Weiher rechts hinauf wieder aus dem Ort. Mit der Straße Lerchenhügel lassen wir die letzten Häuser hinter uns und folgen dem breiten Schotterweg zu den 7 / Seebachweihern. Hier tummelt sich alles Mögliche: Radler, Wanderer, Powerwalker, Angler und diverse Singvögel. Wir schwenken an der T-Kreuzung nach rechts entlang der Weiher und an der nächsten Kreuzung wieder links. Bald geht's auf einem geteerten Sträßchen an der nächsten Weiheransammlung über einen Rechts-Links-Bogen nach Oberreichenbach und an der Kirche vorbei zum 8 / Brauereigasthof Geyer. Hier haben wir fast die halbe Wegstrecke hinter uns. Ein guter Grund also, im traditionsreichen Gasthof einzukehren.

KM 23,0

Im 8 / Brauereigasthof Geyer ist alles Marke Eigenbau: Hausgemachtes Bier, Hauschlachtung, Wild aus der eigenen Jagd, Karpfen aus den eigenen Weihern. Alles im urigen Bierkeller. Um das noch zu toppen - neuerdings gibt's auch hauseigenen Whisky!

Zum Kleinzentrum des Seebachgrundes

Nach der Bushaltestelle folgen wir dem Reichenbacher Weg nach links. Die schmale Straße bringt uns bald quer durch Unterreichenbach hindurch. Kurz vor Ortsende biegen wir beim Wäldchen links ein und folgen der ruhigen Straße an Wiesen vorbei nach Buch. Wir schwingen uns nach links durch den Ort. Kurz vor Ortsende wech-

---

< links / Am Nutzweiher kommen wir in den Genuss von Kunst und Vogelschau ^ oben / Manch Weiher ist einfach nur romantisch

seln wir dann auf einen asphaltierten Radweg nach Nankendorf. Auch nach dem Ort bleiben wir auf dem asphaltierten Radweg, der uns parallel zur Staatsstraße nach Weisendorf bringt. Die letzten Meter geht's an der Staatsstraße entlang ins Zentrum zum Kreisverkehr. Hier können wir ruhig mal einen Blick auf das schöne 9 / Wasserschloss Weisendorf werfen.

Über die Dörfer ins Vogelschutzgebiet

FETTHALTIGER KARPFEN?

Mitnichten! Böse Zungen sprechen ihm oft einen hohen Fettgehalt zu. Aber ganz im Gegenteil: Pro 100 Gramm enthält er nur 5 Gramm Fett.

Wir verlassen das Städtchen an der zweiten Ausfahrt und lassen uns von den Radschildern die Hauptstraße entlang leiten, bis die Route am Sauerheimer Weg rechts abzweigt und gleich darauf nach einem weiteren Rechtsschwenk durchs Wohngebiet über Land nach Oberlindach führt. In der Mitte des Ortes folgen wir der Ringstraße rechts zu den Auweihern und über ein angenehmes Sträßchen nach 10 / Kairlindach. Der Ort begrüßt uns mit einem pittoresken Blick über den Kirchweiher zu St. Kilian. Nach der Kirche biegen wir rechts in die Kairlindacher Straße nach Neuenbürg ein. In der Ortsmitte weisen uns Schilder nach 11 / Dannberg samt gemütlichem Biergarten von Johann Gerner. In Hesselberg halten wir uns links, durch den Ort und geradeaus auf die Mohrhofer Straße. An Wei-

KM 42,1

Das 12 / Weihergebiet Mohrhof ist seit 1982 das größte Naturschutzgebiet der Region. Fast 100 Teiche sind um den Einödhof Mohrhof versammelt. Ein Paradies für fast 240 Vogelarten, die sich hier das ganze Jahr über tummeln. Anfang Mai, wenn das Kleine Knabenkraut blüht, ist es hier am Schönsten.

hern und Moorwiesen vorbei schwenken wir an der T-Kreuzung nach rechts. Wir sind nun mitten im 12 / Weihergebiet Mohrhof.

Durch Wald zurück

Der schöne Teerweg führt uns bald zweimal links durch Poppenwind. An der Kapelle St. Josef verlassen wir die Radschilder und fahren über die ruhige Straße. Sie macht eine Rechtskurve, dann knickt sie nach links. Genau hier nehmen wir den Schotterweg nach rechts. Er wird uns nun die nächsten 3 km geradewegs durch den Wald nach Höchstadt a.d. Aisch hinabführen. Schilderlos schwenken wir an der ersten Straße rechts und fahren nun stets geradeaus zur B 470. Wir queren sie, passieren wenig später ein Brücklein über die Aisch und biegen gleich darauf links ab. Am Ortsrand folgen wir der Straße in die Hirtengasse und halten uns über die Bauerngasse und durch den Stadtturm. Nach Dorfplatz und Oberer Brauhausgasse biegen wir rechts ab, am Alten Brauhaus vorbei und mit dem Sträßchen zurück zum 1 / Engelgarten.

‹ links / Augen auf heißt es im NSG bei Mohrhof ˄ oben / Das Storchennest macht seinem Namen ale Ehre

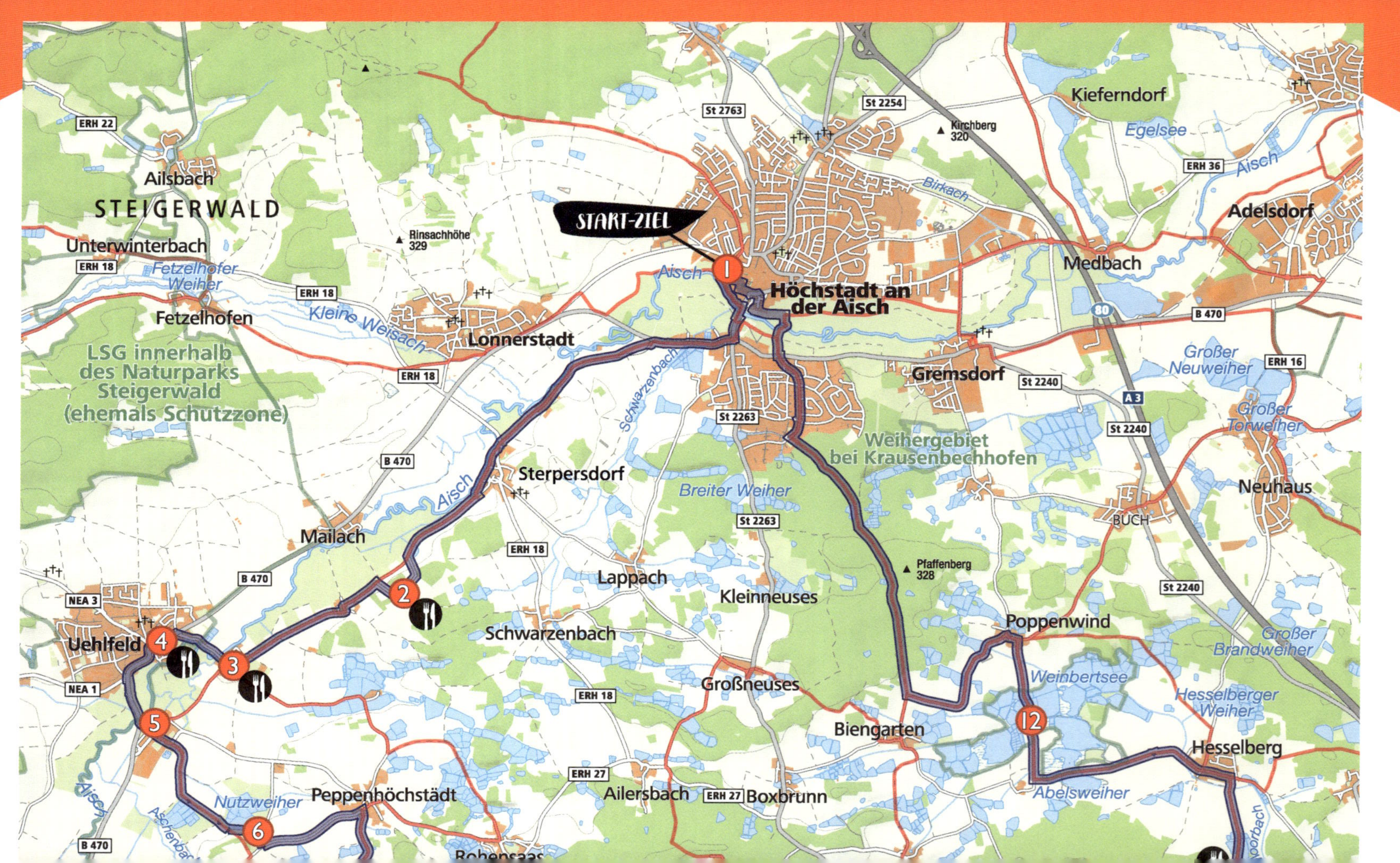
START-ZIEL
Höchstadt an der Aisch
STEIGERWALD
Ailsbach
Unterwinterbach
Fetzelhofer Weiher
Fetzelhofen
LSG innerhalb des Naturparks Steigerwald (ehemals Schutzzone)
Rinsachhöhe 329
Kleine Weisach
Lonnerstadt
Aisch
Sterpersdorf
Schwarzenbach
Mailach
Uehlfeld
Lappach
Kleinneuses
Schwarzenbach
Großneuses
Breiter Weiher
Weihergebiet bei Krausenbechhofen
Pfaffenberg 328
Poppenwind
Weinbertsee
Biengarten
Ailersbach
Boxbrunn
Peppenhöchstädt
Nutzweiher
Abelsweiher
Hesselberger Weiher
Hesselberg
Großer Brandweiher
Neuhaus
BUCH
Großer Torweiher
Großer Neuweiher
Gremsdorf
Medbach
Adelsdorf
Kieferndorf
Egelsee
Kirchberg 320
Birkach
ERH 22
ERH 18
ERH 36
ERH 16
ERH 27
St 2763
St 2254
St 2263
St 2240
B 470
A 3
80
NEA 3
NEA 1
1
2
3
4
5
6
12

Tour 18
START / ZIEL
Parkplatz Engelgarten
HINKOMMEN
Auto / Parkplatz, In der Brannerstatt 2, 91315 Höchstadt a.d.Aisch
ÖPNV /
➤ 1 / Engelgarten ➤ 2 / Antoniuskapelle ➤ 3 / Kellerberg Voggendorf ➤ 4 / Brauereigasthof Prechtel ➤ 5 / Storchennest ➤ 6 / Nutzweiher ➤ 7 / Seebachweiher ➤ 8 / Brauereigasthof Geyer ➤ 9 / Wasserschloss Weisendorf ➤ 10 / Kairlindach ➤ 11 / Dannberg ➤ 12 / Weihergebiet Mohrhof
Traishöchstädt
Arnshöchstädt
Kairlindach
Großenseebach
Rippelsweiher
Lindach
Kapellberg 310
Linden
Großer Bodenweiher
Seebach
Reinersdorf
Sauerheim
Weisendorf
Rezelsdorf
Kästel
Streitgraben
Herrnweiher
Reuth
Lerchenhügel 373
Dachsknock 367
Buch
Geinzer Weiher
Hammerbach
Hirtenberg 344
Eichenbach
Unterreichenbach
Reichenbach
Welkenbach
Schwelgenberg 327
Herzogenaurach
Mittlere Aurach
Münchaurach
Oberalbach
Albach
Brunn
Schloss Brunn
St 2263
St 2259
St 2414
St 2244
ERH 28
ERH 13
ERH 15
ERH 25
3 km

TIERISCHE BEGEGNUNGEN
Unterwegs am Wasser trifft man nicht nur andere Radfahrer – auch diese Schwanenfamilie hat sich dort ihr zu Hause eingerichtet.

WOCHENEND-BIKEAWAYS

MINI-URLAUBS-TOUREN MIT ÜBERNACHTUNG

MITTELGEBIRGS-LANDSCHAFT

Die Tour fordert mich sehr, ist aber auch äußerst spannend. Sie gibt tolle Einblicke in die Natur- und Kulturlandschaft der Fränkischen Schweiz.

➤ **1 /** Am Paradeplatz Forchheim beginnen wir unsere 2-tägige Tour

➤ **2 /** Das Walberla ist der heilige Berg in Franken

➤ **3 /** Pretzfeld ist bekannt für seine Streuobstwiesen

➤ **4 /** Das Familienfreibad Streitberg lädt zu einer Erfrischung ein

➤ **5 /** Am Infozentrum Naturpark Fränkische Schweiz erfahren wir allerlei Wissenswertes

➤ **6 /** Die Basilika Gößweinstein ist das heilige Zentrum der Fränkischen Schweiz

➤ **7 /** Tüchersfeld ist bekannt für sein Postkartenmotiv

➤ **8 /** Urig, klein und original fränkisch ist das Held Bräu

➤ **9 /** Die mittelalterliche Burg Waischenfeld hat auch eine Burgschänke zu bieten

➤ **10 /** Schloss Unteraufseß hat eine entzückende Schlosskirche

➤ **11 /** St. Veit und St. Michael war einst eine Wehrkirche

➤ **12 /** In Frankendorf gibt es ein paar malerische Fachwerkhäuser

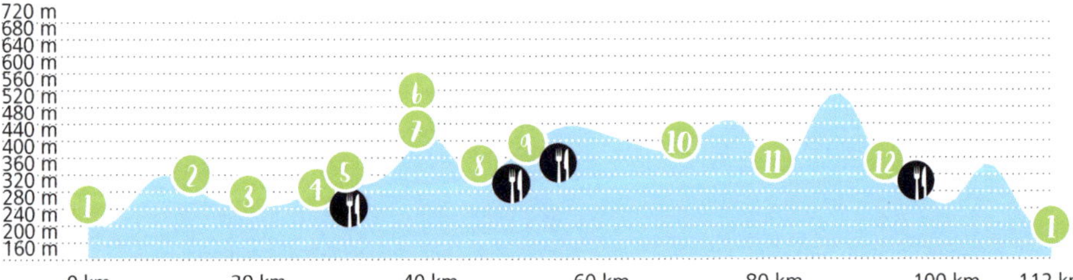

BERG UND TAL

Von Forchheim über Höhen und durch Tiefen ins Herz der Fränkischen Schweiz

Für die Wochenendtour haben wir uns Einiges vorgenommen: In munterem Auf und Ab radeln wir einmal mitten durch die Fränkische Schweiz. Dabei kommen wir nicht nur in den Genuss von Burgen und Schlössern – auch fürs leibliche Wohl ist mit vielen kleinen Brauereien gesorgt.

Tag 1 + Tag 2
50 + 58 Kilometer
815+720 Höhenmeter
900+990 Höhenmeter
5 + 5:45 Stunden
Rundtour

Tag 1: Entspannter Auftakt zum Walberla

Unsere Wochenendrunde beginnt am 1 / Paradeplatz Forchheim. Über die Klosterstraße radeln wir erstmal aus dem Zentrum hinaus Richtung Bahnhof. Ein paar erste Schilder leiten uns schon über den Radweg Richtung Wiesenthau. Über die große Brücke queren wir die Gleise, dann schwenken wir mit der B470 rechts aus der Stadt hinaus. Ein gutes Stück folgen wir der Bundesstraße. Dann leiten uns die Radschilder nach rechts, mit dem Radweg FO9

CHARAKTER

Sportlich ●●●●●
Abkühlung ●●○○○
Schlemmen ●●●●●
Panorama ●●●●●

TOURENINFO / Die Strecke verläuft meistens auf geteerten Radwegen und verkehrsarmen Straßen. Eher am Schluss radeln wir vermehrt über Schotterstraßen. Allerdings sind immer wieder einige knackige Steigungen dabei, die sich sicherlich mit einem E-Bike besser bewältigen lassen.

< links / Gößweinstein bildet mit Burg und Basilika eine tolle Silhouette

über ein Brücklein und einen breiten Weg an Wiesen vorbei zur Staatsstraße. Wir folgen ihr Richtung Wiesenthau, an der folgenden Kreuzung nach links und kurz darauf rechts über die Weiherstraße über einen ersten Anstieg in den Ort hinauf. Unterhalb der mächtigen Mauern von Schloss Wiesenthau radeln wir bis zur Hauptstraße, überqueren sie schräg nach links und lassen uns dann von den Radschildern über die Ehrenbürgstraße nach Schlaifhausen leiten. An der Landstraße führt uns der Radweg nach Dietzhof. Hier begrüßen uns schon eine Obstbauversuchsanlage und eine Brennerei, ein Vorgeschmack auf die kommenden Kilometer. Doch zunächst geht's mehr oder minder parallel zur St 2242 nach Leutenbach. An Pfarrheim und Rathaus vorbei schwenken wir leicht rechts in die Dorfstraße. Nur 150 Meter später biegen wir in die Ehrenbürgstraße ein und folgen dem Radweg zu Füßen des 2 / Walberla.

BLÜTENBAROMETER

Auf der 3 / Pretzfelder Webseite wird online tagesaktuell angezeigt, in welchem der fünf Stadien sich die Kirschblüte gerade befindet.

Kirschen satt

Den nächsten kleinen Anstieg nehmen wir mit links. In Folge genießen wir die herrliche Landschaft an den Hängen der Ehrenbürg: Wiesen und Obstbäume, soweit das Auge reicht. Zehn Minuten radeln wir genussvoll dahin, dann drehen wir in Kirchehrenbach nach rechts auf die Hauptstraße. Vor der Feuerwehr kreuzen wir die Gleise nach links und rollern dann gemütlich an ihnen entlang. Nachdem wir sie ein zweites Mal gequert haben, begleiten sie uns noch ein Stück bis kurz vor die nächste Ortschaft. Beim Sportplatz dreht unser Radweg sanft nach rechts, durch saftige Wiesen und über die Trubach nach 3 / Pretzfeld. Wir radeln zum Bahnhof, knicken dann nach rechts ab und vor geht's zur Walter-Schottky-Straße. Wir begleiten sie kurz nach links, zweigen aber in der nächsten Linkskurve ab und folgen kurz den Bahngleisen, dann queren wir sie nach links und radeln dem Flurweg hinterher. Durch

---

➤ **rechts oben / Der Radweg durchs Walberla ist nicht ganz unanstrengend**

200.000

Kirschbäume verteilen sich auf eine Fläche von 2,5 ha Land rund um das Trubachtal & das 2 / Walberla. Damit zählt die südwestliche Fränkische Schweiz zu den größten geschlossenen Kirschenanbaugebieten in Deutschland. Besonders eindrucksvoll im Mai, wenn die Kirschbäume in voller Blüte stehen.

NEIDECK

Gern besungen, bedichtet und mit Farbe und Pinsel festgehalten thront die Burgruine über dem Wiesenttal. Heute ist sie das Wahrzeichen der Fränkischen Schweiz.

die Auen der Wiesent geht's nun schnurstracks über eine Brücke und nach Ebermannstadt hinein. Wir radeln durchs Untere Scheunenviertel und über die kopfsteingepflasterte Hauptstraße durch die Altstadt und über den Marktplatz. Dann queren wir nochmal die Wiesent, geradeaus an den Supermärkten vorbei und biegen an der Staatsstraße rechts ein. Wieder geht's über den Fluss, dann fahren wir ein bissl schottrig kurz bergauf und über die Gleise. Ein breiter, sehr entspannter Teerweg bringt uns an der Wiesent entlang nach Streitberg.

Mit Abkühlung in die nächste Runde

An den Ufern der Wiesent erwartet uns mit dem Städtchen auch das 4 / Familienfreibad Streitberg. Nach einer umfassenden Sanierung wird es 2025 wieder im denkmalgeschützten Ambiente erstrahlen.

Mutige können auch kurz mal in die Wiesent abtauchen und sich danach mit einer Brotzeit im zugehörigen Biergarten für den nächsten Abschnitt stärken. Als nächstes bezwingen wir einen kleinen Anstieg, der Weg wird allerdings schottriger. Unterhalb der Burgruine Neideck vorbei radeln wir durch den schattigen Wald und erreichen nach drei Kilometern Muggendorf. Direkt am Bahnhof der Museumsbahn befindet sich das 5 / Infozentrum des Naturparks Fränkische Schweiz. Über die Gleise und mit den Radschildern Richtung Gößweinstein unter der B470 hindurch. Bald darauf radeln wir gemütlich an Gleisen und Wiesent entlang. Bei Sachsenmühle schwenken wir auf die Straße nach rechts. Vorbei ist's mit der Entspannung – jetzt heißt's treten: Den nächsten Kilometer geht's nämlich bergauf. Zwar nicht besonders steil, aber stetig. Am Ortstrand von Gößweinstein erwarten uns schon die ersten Hotels – dann sausen wir hinab in den Ort, direkt zur 6 / Basilika Gößweinstein. In dem pittoresken Örtchen gibt es eine Menge zu sehen – Burg, Basilika, Fachwerkhäuser. Auch Einkehrmöglichkeiten gibt es jede Menge.

TAUSENDE

Wallfahrer – sie sind kaum zu zählen – zieht die 6 / Basilika Gößweinstein (zur Heiligsten Dreifaltigkeit) jährlich in ihren Bann. Sie ist der zweitgrößte Wallfahrtsort im Erzbistum Bamberg und zugleich der größte Dreifaltigkeitswallfahrtsort Deutschlands.

Über drei Flüsse musst du radeln…

Wir verabschieden uns vom schönen Gößweinstein und genießen die kurze Abfahrt zur St2586. Direkt gegenüber geht's – am Hö-

< links / Streitberg schmiegt sich idyllisch an die Wiesent ^ oben / Die Basilika in Gößweinstein ist ein Anziehungspunkt für Wallfahrer

henschwimmbad Gößweinstein vorbei – erstmal wieder gach nach oben. Nach einem hübschen Stück an Wiese und Waldrand entlang fahren wir über einen schmalen, teils steilen Waldweg wieder hinab und erreichen so 7 / Tüchersfeld. Ein Brücklein bringt uns über die Püttlach, dann schwenken wir im Ort nach links und im Rechtsbogen bis kurz vor die Landstraße. Beim Parkplatz biegen wir links ab und folgen den Radschildern nun auf einem gemütlichen und ruhigen Sträßlein nach Unterailsfeld. Im Örtchen halten wir uns rechts, queren den Ailsbach und fahren vor zur Staatsstraße, der wir nach Oberailsfeld folgen. Mitten im Ort liegt der urgemütliche Biergarten vom 8 / Held-Bräu. Weiter geht's auf der Straße an Äckern, Wiesen und Wäldern vorbei zur Hammermühle und über die Wiesent ins Zentrum von Waischenfeld, wo wir im Heckel Bräu, einer der kleinsten Brauereien Deutschlands, die erste Etappe ausklingen lassen können.

JURAÜBERBLEIBSEL

Da entstanden die steilen Felsen in 7 / Tüchersfeld. In 1000den von Jahren schnitt sich die Püttlach in den Dolomit – so entstand der Umlaufberg.

⮝ oben / Mit Schwung sausen wir nach Unterailsfeld hinab ➤ rechts / Tüchersfeld ist bekannt für seine Felsen

Tag 2: Mit Vollgas in den neuen Tag

Sobald wir wieder im Sattel sitzen, sind wir nach den ersten Metern froh, ausgeruht zu starten. Denn: Es geht schon knackig los. Kräftig treten wir bergauf zur 9 / Burg Waischenfeld, aber über die Straße Am Greiner, diese Route ist nicht so steil. Wir biegen an der Friedhofskapelle links ab und halten uns nun stetig geradeaus bald über einen Feldweg nach Heroldsberg. Im Ort folgen wir der Straße nach links und radeln nun angenehm über Saugendorf bis kurz vor Gösseldorf. Hier machen wir einen scharfen Rechtsknick, folgen der Straße noch ungefähr 500 Meter und zweigen dann mit den Radschildern nach rechts auf einen Waldweg ab. Nach fünf Minuten stoßen wir wieder auf die Straße nach Hubenberg. Wir schwenken im Ort nach links und radeln über Breitenlesau und Zochenreuth nach Hochstahl.

Auf Brauereitour

Im Brauereigasthof Reichold können wir uns jetzt ein Päuschen gönnen, allerdings gibt's hier nur was zu trinken. Da halten wir doch noch ein bisschen durch und radeln weiter bis Heckenhof, wo die Brauerei Kathi-Bräu schon wartet. Dann geht's geradewegs über die Staatsstraße hinüber und bei den Sportplätzen

2000

hat die Gemeinde Aufseß einen Platz im Guinessbuch der Rekorde bekommen. Bis heute weist sie die höchste Brauereiendichte nach Einwohnern auf. Vier Fränkische Brauereien liegen quasi nur ein paar Pedaltreter voneinander entfernt. Da hat man die Qual der Wahl… – oder probiert ganz einfach alle aus.

BEWEGTE VERGANGENHEIT

ruht auf 11 / St. Veit und Michael. Fast 1000 Jahre währt ihre Geschichte. Sie birgt prächtige Malereien und eine eindrucksvolle Kassettendecke.

links nach Aufseß. Über die Schulstraße sausen wir direkt hinab zur Hauptstraße und zum Brauereigasthof Rothenbach. Schnell verlassen wir die Hauptstraße wieder nach rechts, hinauf zum 10 / Schloss Unteraufseß. Das Schloss ist zwar in Privatbesitz, einen Blick in den Innenhof können wir aber doch wagen. Die Schlosskirche ist offen zugänglich. Der „Schlossberg" bringt uns schließlich bald über die Staatsstraße und durch die Örtchen Neudorf und Stücht. In Stücht halten wir uns links und folgen der Radroute bald mit herrlichen Blicken über Heiligenstadt in den Ort hinab. Ob ein Blick in 11 / St. Veit und Michael oder zur Brauerei Aichinger, in Heiligenstadt kann man sich gut ein Weilchen die Zeit vertreiben.

Tipp: Abstecher zum Schloss Greifenstein

Für Burgenfans und diejenigen, die noch genügend Schmalz in den Wadln haben, empfehle ich einen Abstecher zur Burg Greifenstein. Dafür fahren wir von Stücht einfach geradeaus weiter, über die Staatsstraße hinüber und dann den Berg hinauf. Aber es lohnt sich! Schon das letzte Stück durch eine 300 Jahre alte Lindenallee ist herrlich. Das Innere der Burg ist hervorragend ausgestattet, allein die Waffensammlung ist weithin bekannt. Führungen finden von Mai bis Oktober täglich statt und sind allen kulturinteressierten Radlern wärmstens ans Herz gelegt! Erfordert jedoch auch ein wenig Planung, da die Führungen eine gute dreiviertel Stunde dauern.

+/- 100

Glocken klingen auf Schloss Greifenstein und bieten ein eindrucksvolles Glockenklangerlebnis. Ob Kirchenglocke, Kuhglocke oder Feuerwehrglocke – Ausprobieren ist ausdrücklich erwünscht! Aber auch Glockengeschichte und -herstellung kommen nicht zu kurz.

Durchs Leinleitertal und über die Dörfer

Ob mit oder ohne Abstecher zum Schloss Greifenstein, irgendwann müssen wir weiter. Schließlich liegt noch ein gutes Viertel der Strecke vor uns. Also aufgesattelt und den Radschildern an der Leinleiter hinterher. Malerisch schlängelt das Flüsschen seinen Weg durchs Tal. Nach Traindorf zweigt der FO8 vom Leinleiterbach ab und führt uns Richtung Westen. Die verkehrsberuhigte Straße schlängelt sich bergauf, dann schnurgeradaus nach Kalteneggolsfeld. An der kleinen Herz-Maria-Kapelle halten wir uns links. Gleich darauf schickt

◂ links / Idyllische Kleinstadt Heiligenstadt i. Oberfranken ▴ oben / Greifenstein ist ein wahres Vorzeigeschloss

23

Bierkeller sind rund um Forchheim über eine Fläche von 20.000 m² verteilt. So wird der „Forchheimer Kellerwald" gerne im weitesten Sinn als größter Biergarten der Welt bezeichnet. Die offizielle Bierkellersaison findet von April bis Oktober statt. Auch Führungen gibt's in die Tiefen der Felsenkeller.

uns der Radweg wieder nach links. Einen knappen Kilometer später halten wir uns an der Weggabelung rechts und fahren erst über eine schmale Straße, dann über einen Flurweg an Feldern und Streuobstwiesen vorbei Richtung Frankendorf. Am Waldrand gabelt sich der Weg: Wir nehmen das asphaltierte Sträßchen, das sich durch den lichten Wald den Berg hinabwindet.

Schlussspurt nach Forchheim

12 / Frankendorf ist ein herrlich idyllisches Dörfchen, kurz die Hauptstraße hinunterspitzen lohnt sich: Hier reiht sich Fachwerkhäuschen an Fachwerkhäuschen, bunt und freundlich. Nebendran fließt der Deichselbach. Wir folgen der Straße nach links Richtung Stackendorf. Gegenüber der Bushaltestelle biegen wir links ein und fahren mit dem Bächlein aus dem Ort hinaus. Wir radeln an Wiesen und Feldern vorbei, kreuzen die Staatsstraße und fahren genauso idyllisch nun mit dem FO1 weiter auf einem Schotterweg. Hinter der Landstraße halten wir uns in Drosendorf rechts nach Weigelshofen. Hier führt uns die Betzengasse nach links über eine holprige Strecke aber mit herrlichen Blicken nach Kauernhofen hinein. Die Radschilder schicken uns links nach Rettern. Waldrand, Wiesen und Felder begleiten uns. Nach der Ortschaft geht's kurz in einem Rechts-Links-Schwung über die Landstraße nach Süden, dann zweigt linker Hand ein Waldweg ab. Teils recht schottrig folgen wir nun dem FO3 erst durch den Wald, dann queren wir eine Straße und fahren an den Örtelbergweihern vorbei nach Forchheim und zurück zum 1 / Paradeplatz.

„NAU AUF DIE KELLER"

– das ist der Startschuss für die Forchheimer Biergartensaison. Also wenn du das hörst, dann ab in die Keller und Krüge hoch!

< links oben / An Streuwiesen geht's zurück nach Forchheim < links Mitte / Zur Belohnung gibt's ein kühles fränkisches Bier

Geisfeld
Zeegendorf
Heiligenstadt i.OFr.
11
LSG "Fränkische Schweiz - Veldensteiner Forst" im Regierungsbezirk Oberfranken
Leinleiter
12
Unterleinlei
Hirschaid
Neubertsee
Gunzendorf
FRÄNKISCHE
A 73
Buttenheim
Drosendorf am Eggerbach
Regnitz
Weigelshofen
Ebermannstadt
Wiesent
Eggolsheim
Kauernhofen
Aisch
Main-Donau-Kanal
Hallerndorf
Rettern
Pretzfeld
3
Regnitz
Wiesent
Kirchehrenbach
Buckenhofen
Forchheim
1
2
Leutenba
START-ZIEL
Heroldsbach
Pinzberg

Tour 19
START / ZIEL
Paradeplatz Forchheim
HINKOMMEN
Auto / Tiefgarage, Paradeplatz 17, 91301 Forchheim
ÖPNV / Mit dem Zug geht's bis zum Bahnhof Forchheim. Von hier aus fahren wir mit dem Rad in fünf Minuten zum Paradeplatz.
› 1 / Paradeplatz Forchheim › 2 / Walberla › 3 / Pretzfeld › 4 / Familienfreibad Streitberg › 5 / Infozentrum Naturpark Fränkische Schweiz › 6 / Basilika Gößweinstein › 7 / Tüchersfeld › 8 / Held Bräu › 9 / Burg Waischenfeld › 10 / Schloss Unteraufseß › 11 / St. Veit und St. Michael › 12 / Frankendorf
Tiefenlesau
Plankenfels
Wiesent
Breitenlesau
Wüstenstein
Waischenfeld
Hubenberg
Eichenbirkig
Muggendorf
Weidmannsgesees
Püttlach
Behringersmühle
Pottenstein
Gößweinstein
Leutzdorf
Wolkenstein
Morschreuth
Etzdorf
Stadelhofen
Urspring
Hartenreuth
Weidenloh
Kirchenbirkig
Ühleinshof
Trägweis
Allersdorf
Kühlenfels
Oberzaunsbach
Regenthal
Waidach
Kleingesee
Bieberbach
Leimersberg
Linden
Geschwand
Weidenhüll bei Leienfels
Hüll
Egloffstein
Leupoldstein
Höchstädt
Obertrubach
3 km

IM FRÜHLING AM SCHÖNSTEN!

Ich radle diese Wochenendtour am liebsten im März und April. Da lasse ich die Blütenpracht in Ellingen und Ettenstatt nicht aus.

➤ **1 /** Das Römermuseum ist unser heutiger Startpunkt.

➤ **2 /** Die Residenz Ellingen – ein Zeugnis hochbarocker Baukunst

➤ **3 /** An der Badebucht Ramsberg heißt es „Ab ins Wasser"

➤ **4 /** Das Moor Grafenmühle Lebensraum für Fauna & Flora

➤ **5 /** Im Sand und Sofa können wir uns zurücklehnen und den See genießen

➤ **6 /** Pleinfeld ist unser heutiges Etappenziel

➤ **7 /** Ettenstatt liegt direkt an der Hangkante des Fränkischen Jura

➤ **8 /** Die Anlauterquelle schickt ihr Bächlein in die Altmühl

➤ **9 /** Meisterlich gebraute Biere gibt's im Felsenbräu

➤ **10 /** Das verlorene Dorf ist ein außergewöhnliches Kunstwerk

➤ **11 /** An den Bechtaler Weihern gibt es eine tolle Kneippstation

➤ **12 /** In Titting können wir kulinarisch wieder auftanken

➤ **13 /** Der Limeswachturm liegt direkt am Raetischen Lime

➤ **14 /** Der Burgus war wohl einst eine römische Wirtschaft

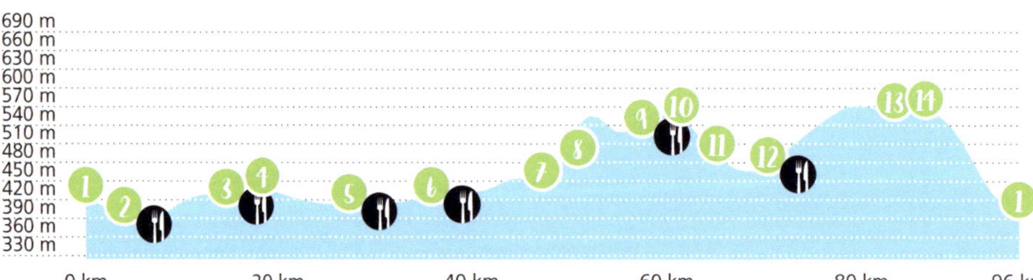

RÖMER IM SEENLAND

Radlvielfalt von Weißenburg über'n Brombachsee in den Fränkischen Jura

Abwechslungsreicher kann sich dieses Wochenende gar nicht gestalten: Wir erkunden nicht nur den Brombachsee und seine versteckten Buchten; im Anlautertal genießen wir das gemütliche Flussradeln, während wir auf dem Limes Radweg den Römern auf der Spur sind.

Tag 1 + Tag 2
36 + 60 Kilometer
385+430 Höhenmeter
735+690 Höhenmeter
3 + 5:30 Stunden
Rundtour

Von der Burg zur Residenz

Wir starten unseren spannenden Wochenend Bikeaway in Weißenburg in Bayern – besser gesagt am 1 / Römermuseum. Ein kleiner Vorgeschmack auf das, was uns zum Ende des Wochenendes erwarten wird. Hier gibt's gleich nebenan eine E-Bike Ladestation, also wer nochmal seine Akkus aufladen möchte, jetzt ist die Gelegenheit. Dann radeln wir geradewegs durchs Ellinger Tor in die Schulhausstraße, schwenken mit ihr nach rechts und dann

CHARAKTER
Sportlich ●●●●○
Abkühlung ●●●●○
Schlemmen ●●●●●
Panorama ●●●●●

TOURENINFO / Die Strecke verläuft recht unterschiedlich auf asphaltierten Radwegen, Feldwege und auch auf extrem verkehrsberuhigten Straßen. Um den Brombachsee geht's gemütlich zu. Im Fränkischen Jura warten allerdings ein paar strenge Anstiege. Unterwegs gibt's mehrere Bademöglichkeiten.

◂ links / Der erste Tag ist ganz dem Brombachsee gewidmet

immer geradeaus allmählich aus der Stadt hinaus. Erst auf der Straße, nach wenigen Minuten wechseln wir auf den Radweg. An Wiesen und Wäldchen entlang geht's durch den Mühlgraben, dann queren wir die B 13. Ein paar hundert Meter begleiten wir die Staatsstraße, bis unvermittelt die alte Stadtmauer von Ellingen neben uns erscheint. Am Rathaus von Ellingen, einem stattlichen, spätbarocken Gebäude, schwenken wir nach links. Kurz darauf verlangsamen wir unsere Fahrt, wenn wir nicht gar gleich stehen bleiben. Zu unserer Rechten erhebt sich die prachtvolle 2 / Residenz Ellingen. Wer jetzt schon eine kleine Stärkung anstrebt, direkt gegenüber der Residenz befindet sich das Bräustüberl Ellingen. Serviert wird selbstgebrautes Bier aus der Schlossbrauerei.

BRAUKUNST HAUTNAH

kannst du in der Fürst Carl Brauerei in Ellingen erleben. Die alten Kupferkessel stehen hier noch im barocken Kreuzgewölbe.

Es klappert die Mühle…

Kurz radeln wir noch die Schlossstraße entlang, dann schwenken wir nach rechts und folgen der Ringstraße durchs Wohngebiet. Wenig später geht's unter der B 2 hindurch und mit einem Rechtsschwenk wieder übers Land hinaus. Die Route leitet uns auf einem schönen, geteerten Radweg parallel zu den Gleisen. Zu unserer Rechten breiten sich allmählich die Wiesen der Golfanlage an der Zollmühle aus. Noch vor der Lauterbrunnmühle schicken uns die Radschilder nach links leicht hinauf, über die Gleise und nach Gündersbach. Wir streifen das Örtchen jedoch nur am Rande. Am Ortsrand halten wir uns rechts. Dann leitet uns die Route recht schnell in einem großen Rechtsbogen an zwei hübschen Kapellen vorbei und auf einer schmalen Straße sanft in den Wald hinauf. An einer lichten Stelle mit einem Holzschild biegen wir links ab und radeln den einsamen Teerweg bis zur Landstraße. Ihr folgen wir wiederum nach links bis zum Ortsrand von Walkerszell.

➤ **rechts oben / Blick auf Fündersbach**

KM 4,0

Die 2 / Residenz Ellingen ist ein Schloss wie es im Buche steht. Nicht nur von außen. Ich empfehle dir unbedingt einen Blick wenigstens in den Schlosspark zu werfen. Im Frühjahr verwandeln hier Hunderttausende von Sibirischen Blausternchen die Wiesen in ein blaues Blütenmeer.

Mittelmeer-Feeling

An der 3 / Badebucht Ramsberg kannst du am toll aufgeschütteten Sandstrand gemütlich die Füße in den Sand stecken und in den Brombachsee abtauchen.

Auf zur MS Brombachsee

An der Kreuzung geht's rechts herum – ohne Radschilder mit der Straße bergauf. Wenig später queren wir die St 2222 und nutzen nun den Radweg, der uns am Sportplatz vorbei und durch eine Bahnunterführung leitet. Direkt dahinter schwenken wir nach rechts, die Straße hinauf nach Ramsberg am Brombachsee. Oben halten wir uns an der Gabelung rechts über die Obere Dorfstraße ins Zentrum des Ortes. Nach der Kirche St. Josef leitet uns die Tränkegasse nach links hinab zum Brombachsee und der Anlegestelle Ramsberg. Vielleicht legt ja gerade die MS Brombachsee an. Der Zu- und Ausstieg des Menschenstroms an schönen Tagen ist ein Spektakel. Wir entfliehen schnell dem Tumult nach links und legen lieber einen kurzen Stopp an der 3 / Badebucht Ramsberg ein.

Entdeckungsreiche Uferfahrt

Nach einem Sonnen- oder Badepäuschen geht die Fahrt weiter. Auf Rad- und Fußweg rollen wir entspannt direkt am Ufer des Sees entlang. Am Hafen vorbei – hier können wir rechts auf eine kleine Landzunge fahren und schön auf den See blicken – radeln wir recht bald mit sanftem Anstieg in den Wald hinein. An der Gabelung drehen wir nach rechts und passieren wenig später das 4 / Moor Grafenmühle. Immer wieder erhaschen wir durchs hohe Schilf und durch die Bäume Blicke auf den See. Schließlich stehen wir am Damm, über den ein schöner, geteerter Weg führt. Mit tollen Blicken auf den Kleinen und Großen Brombachsee fahren wir auf die andere Uferseite. Da hier meist reger Betrieb herrscht, radeln wir rasch rechts herum weiter und folgen den Radschildern zunächst Richtung Enderndorf. Der fein geschotterte Weg leitet uns kurz darauf durch den Wald und an den Damm nach Enderndorf. Wir schwenken nach links und fahren erst durch Wald, dann direkt am Ufer des Igelsbachsees entlang. Verschlungen leitet er an ein paar kleinen Buchten vorbei bis zur Straße. Wir überqueren den See und folgen auf der anderen Seite wieder dem Uferweg, nun nach Osten. Der Radweg bringt uns bald durch den Wald. In einem Rechtsschwenk queren wir am Barfußpfad ein Brücklein und radeln

8 HA

umfasst das 4 / Moor Grafenmühle. Das Niedermoor wurde künstlich geschaffen, indem eine Bucht des Sees durch einen Erddamm abgetrennt wurde. Dann wurde diese Bucht mit Erde und Schilftorf aufgefüllt. Ohne weiteres Zutun entstand ein natürlicher Röhrichtbestand.

< links / Welch ein schöner Blick über den Hafen von Ramsberg ^ oben / Die imposante MS Brombachsee ist ein Blickfang auf dem See

nun stets recht nah am Ufer bis nach Enderndorf am See. Hier gibt's nicht nur zwei sehr schöne Strände, auch das 5 / Sand und Sofa lockt mit bunten Schirmen zu einer kurzen Pause. Die nächsten zwanzig Minuten geht's nochmal durch idyllische Landschaft zwischen Wald- und Seeufer bis zur Anlegestelle Allmandsdorf am nordöstlichen Uferende.

MÄRZENBECHERTEPPICHE
Dieses besondere Naturschauspiel kannst du zwischen März & April um 7 / Ettenstatt herum beobachten: Zarte Blütenteppiche soweit das Auge reicht.

Übers Seenzentrum zum Tagesziel

Wir schwenken nach rechts über den Parkplatz und radeln unterhalb des Dammes auf einem schönen Teerweg dahin, bis uns ein Wegweiser nach links zum Infozentrum Seenland schickt. Über Mandelsweiher und Mandlesmühle fahren wir zur Landstraße. Hier fahren wir mit dem Radweg nach rechts, immer geradeaus und parallel zur Landstraße und unter den Gleisen hindurch ins Zentrum von 6 / Pleinfeld.

⋀ oben / Sehenswert ist der kleine Gänsebrunnen in Walting ➤ rechts / Schöner Brotzeitplatz auf dem Weg nach Thalmannsfeld

Tag 2: Durch den Fränkischen Jura

Während der erste Tag eher im Zeichen des Genießens stand und ausreichend Zeit fürs Bummeln und Baden bereithielt, gestaltet sich der zweite Tag unseres Wochenendtrips schon wesentlich anspruchsvoller. Fürs Erste folgen wir für die nächsten 30 Kilometer der Beschilderung der Jura E-Bike Tour. Sie leitet uns aus dem Ortszentrum zur Landstraße, der wir kurz nach links folgen. Dann geht's nach rechts, kurz durchs Wohngebiet und unter der B2 hindurch aufs Land. Mit einem Rechts-Links-Schwung am Wanderparkplatz vorbei und auf schmaler Straße in wenigen Minuten über die Landstraße. Durch's Örtchen Mischelbach geht's hindurch, immer Richtung Osten. Die ruhige Straße mündet bald in einen Waldweg. Wir merken schon die veränderten Bedingungen, denn jetzt heißt es erstmal bis Walting kräftig treten. Mit einem Schlenker durchs Ortszentrum an den beiden Kirchen und dem Gänsebrunnen vorbei folgen wir der Straße wieder in den Wald hinein. Nach 7 / Ettenstatt geht's an Feldern vorbei relativ gemäßigt dahin. Die Route leitet uns in einem Links-Rechts-Schlenker durch den Ort und in wenigen Minuten stramm hinauf nach Geyern und zur 8 / Anlauterquelle.

Kultur, Kulinarik und Kunst

Gleich nach dem Zeiselweiher, der den Quellursprung markiert, biegen wir links ab.

KM 50,4

Eigentlich ist das Juragebiet ziemlich trocken. Umso erstaunlicher, dass hier die 8 / Anlauterquelle entspringt. Ihr Quellfluss fließt durch ein von Mühlen geprägtes, urromantisches Tal in die Schwarzach und mit ihr zusammen bei Kinding in die Altmühl.

Mit schönen Blicken über die Höhe radeln wir nach Bergen. Die Route knickt nach links, am Ortsausgang jedoch gleich wieder nach rechts. Erst an einem Bauernhof vorbei, dann wieder hinauf und hinab. Wir folgen der Landstraße kurz nach links. Dann leitet uns die Radroute nach rechts und sofort wieder rechts. In einem großen Bogen, nochmal über eine weitere Landstraße, erreichen wir die Syburg und den gleichnamigen Landgasthof. Hier radeln wir mit der Landstraße weiter nach Nordosten, in wenigen Minuten nach Thalmannsfeld und zum 9 / Felsenbräu. Wir folgen der Straße weiter nach Wengen. Am Ortsende schwenken wir nach links. Ein Schild zeigt uns bereits unser nächstes Ziel an. Zehn Minuten geht's geradeaus, dann blitzt es schon rechts in der Wiese: 10 / Das Verlorene Dorf wartet darauf, entdeckt zu werden. Ein schmaler Wiesenpfad führt hinab zum Kunstwerk. Ein paar Bänke und ein Tisch laden zu einer Pause ein.

Durchs romantische Anlautertal

Wir setzen unseren Weg noch eineinhalb Kilometer auf der Jura E-Bike Tour fort, dann erreichen wir Gersdorf. Im Ort zweimal links

abgebogen fahren wir an der St. Nikolaus Kirche vorbei, dann stehen wir an einem tollen Kneippbecken. Gut für eine Abkühlung an heißen Tagen! 300 Meter nach der Kneippstation lenken wir unseren Drahtesel nach rechts und fahren auf einem Schotterweg am Bach entlang nach Bechthal hinein. An der Freiwilligen Feuerwehr geht's links hinab und wieder aus dem Ort hinaus. An der Linkskurve mit dem Wegkreuz schwenken wir mit dem Anlautertalradweg nach rechts nach Tittning, vorbei am 11 / Bechtaler Weiher und auf einem schönen Teerweg in die Auenlandschaft der Anlauter. Malerisch und romantisch schlängelt sich der Weg durchs Bachtal; nach rechts erhaschen wir immer wieder einen Blick auf die Burg Bechthal.

1:8

ist der Maßstab der 4 Häuser 10 / Des Verlorenen Dorfes. Die Edelstahlmodelle des Künstlers Stefan Schilling sind eine Rekonstruktion von abgerissenen Jurahäusern der umliegenden Dörfer. Der typische Baustil mit dem Legschieferdach prägte einst ihre Ortsbilder.

Abstecher zum Einkehrschwung

Wir radeln mit der Anlauter an der Aichmühle vorbei und schwenken bei Bürg links auf die Straße. Kurz darauf halten wir uns wieder rechts auf einen Feldweg, der uns an eine Gabelung bringt: Da Gasthäuser auf diesem Streckenabschnitt rar sind, ergreifen wir die Gelegenheit und folgen den Radschildern nach links, auf einen Kurzbesuch nach Tittning. Ein toller Pfad leitet uns teils sehr schmal am Bach entlang und übers Wohngebiet ins

‹ links / Kunst auf der Wiese: Das Verlassene Dorf ˄ oben / Die Strecke durchs Anlautertal ist ein Paradies für Radfahrer

>1100 KM

sucht sich der Dt. Limesradweg an den bedeutenden römischen Stationen am Niedergermanischen Limes, am Obergermanisch-Raetischen Limes zwischen Rhein und Donau und zuletzt am Donaulimes entlang seinen Weg. Auch wir streifen dabei Erinnerungen aus längst vergangener Zeit, wie den 13 / Limeswachturm.

Zentrum von 12 / Titting. Zurück an der Gabelung nehmen wir dieses Mal den unbeschilderten Weg geradeaus.

Auf den Spuren der Römer

Jetzt haben wir Kaldorf im Visier. An der folgenden Gabelung halten wir uns links kaum merklich aufwärts, erst am Waldrand und dann durch den Wald. Bei den ersten Häusern schickt uns ein braunes Schild „Radwanderweg Dollnstein-Kaldorf" nach links. In der Ortsmitte biegen wir wieder links ab und achten nach ein paar hundert Metern auf die braune Beschilderung. Sie weist uns nach rechts, stetig geradeaus. Aus dem Ort hinaus und über die St2228 rüber. Bis wir schließlich an einer Kreuzung mit ein paar Bäumen und Holzkreuz auf den Limesradweg treffen. Gut beschildert leitet er uns nun über Schotterwege in sanftem Auf und Ab bis St. Egidi. Hinter dem Örtchen geht's wieder über Felder und Wiesen nach Raitenbuch. Im Ort halten wir uns links und verlassen ihn in der Rechtskurve geradeaus über einen Feldweg. Weiter geht's zwischen den Wiesen hindurch und bald am Waldrand entlang zum 13 / Limeswachturm. Am Ende des Waldes biegen wir bei den Sportplätzen links ab, weiter am Waldrand entlang und lassen uns vom Limesradweg an diversen Römerscherenschnitten aus Blech vorbei zum 14 / Burgus führen. Wir halten nun eine Weile die Richtung nach Nordwesten, über Oberhochstatt und Niederhofen. Hier geht's links hinterm Sportplatz am Rohrbach entlang. Zuletzt führt uns die Niederhofener Straße stetig geradeaus nach Westen und über die B2 zurück zum 1 / Römermuseum ins malerische Weißenburg, an dem ein anstrengender, aber schöner Tag endet.

GASTHAUS ODER KASTELL?

Das ist noch immer nicht ganz geklärt beim 14 / Burgus bei Burgsalach. Interessanterweise weist er Elemente von Beidem auf.

◂ links oben / Früher ritt man am Limesradweg, heute wird geradelt

Großweingarten
Schleißbrücken 492
Igelsbachsee
Höhe 491
Röttenbac
Absberg
Hasenbühl 443
Stirn
Kleiner Brombachsee
Allmannsdorf
Hohenweiler
Großer Brombachsee
Schwäbische Rezat
Heiligenwaldsee
Weißenberg 485
Mischelbach
Veitserlbach
Thannhausen
Mistelberg 482
Pleinfeld
Sollerberg 474
Dorsbrunn
Gündersbach
Theilenhofen
Pfaffenberg 501
Auer Höhe 495
Tiefenbach
Hörlbach
Stopfenheim
Massenbach
Ellingen
Höttingen
Alesheimer Weiher
Alesheim
Flüglinger Berg 541
Schmalwiesen
Rohrberg 603
Weißenburg in Bayern
Laubbichel 636
Kehl
START-ZIEL
Emetzheim
Trommetsheimer Berg 511
Hungerberg 467
Steinberg 625
Altmühl
Haardt
Rohenheimer Berg 475
Dettenheim
Suffersheim

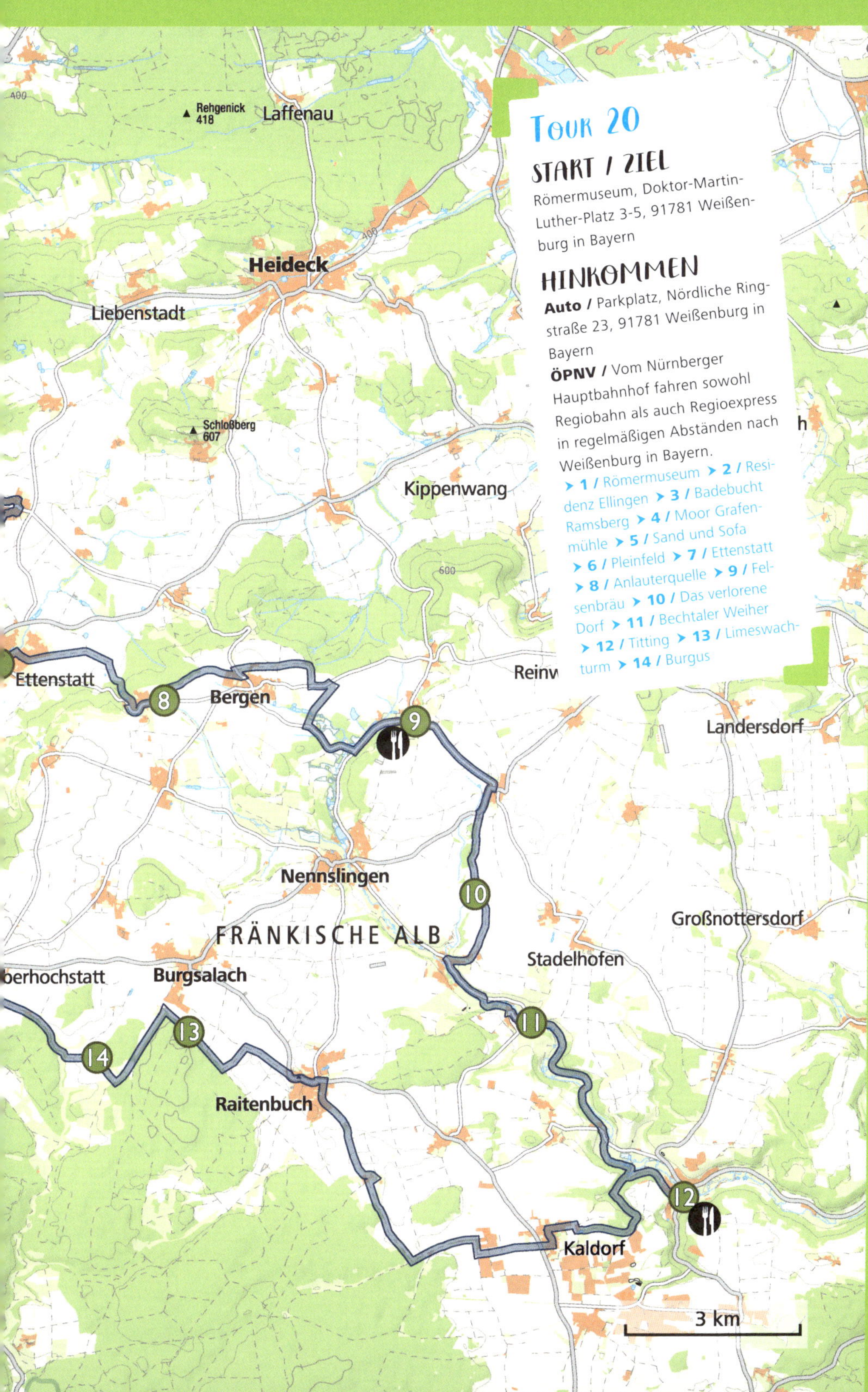

Tour 20
START / ZIEL
Römermuseum, Doktor-Martin-Luther-Platz 3-5, 91781 Weißenburg in Bayern
HINKOMMEN
Auto / Parkplatz, Nördliche Ringstraße 23, 91781 Weißenburg in Bayern
ÖPNV / Vom Nürnberger Hauptbahnhof fahren sowohl Regiobahn als auch Regioexpress in regelmäßigen Abständen nach Weißenburg in Bayern.
➤ 1 / Römermuseum ➤ 2 / Residenz Ellingen ➤ 3 / Badebucht Ramsberg ➤ 4 / Moor Grafenmühle ➤ 5 / Sand und Sofa ➤ 6 / Pleinfeld ➤ 7 / Ettenstatt ➤ 8 / Anlauterquelle ➤ 9 / Felsenbräu ➤ 10 / Das verlorene Dorf ➤ 11 / Bechtaler Weiher ➤ 12 / Titting ➤ 13 / Limeswachturm ➤ 14 / Burgus
400
Rehgenick 418
Laffenau
400
Heideck
Liebenstadt
Schloßberg 607
Kippenwang
600
Ettenstatt
8
Bergen
Reinw
9
Landersdorf
Nennslingen
10
FRÄNKISCHE ALB
Großnottersdorf
Stadelhofen
berhochstatt
Burgsalach
13
14
11
Raitenbuch
12
Kaldorf
3 km

AUF EINEN SCHOPPEN

Ich genieße es, mich in einem der kleinen Winzerdörfer in den schattigen Garten zu setzen und mich mit einem kühlen Schoppen Weißwein zu erfrischen.

➤ **1 /** Am Alten Schloss schwingen wir uns aufs Rad

➤ **2 /** Der Aischtalradweg begleitet uns die ersten Kilometer der Tour

➤ **3 /** Die Schormühle blickt auf eine über 600-jährige Geschichte zurück

➤ **4 /** Ipsheim ist ein typisches Winzerdorf im Steigerwald

➤ **5 /** Die Oberndorfer Mühle ist ein Schmuckstück unter den Mühlen im Landkreis

➤ **6 /** Am Marktplatz merkt man ganz besonders: Bad Windsheim ist eine Stadt mit Tradition

➤ **7 /** Nach dem Waten durch die Kneipp Anlage sind wir wieder fit

➤ **8 /** Die Kühlsheimer Gipshügel sind heute ein wertvolles NSG

➤ **9 /** In Markt Nordheim lassen wir den Tag gemütlich ausklingen

➤ **10 /** An den Eichwasen finden wir spannende Infos zu Hutenwäldern

➤ **11 /** Scheinfeld verzückt mit einem Renaissance Schloss

➤ **12 /** Im Gasthaus zum Löwen sitzen wir gemütlich unter Kastanien

➤ **13 /** In Frankenfeld stehen noch ein paar historische Häuser

➤ **14 /** Kurz vor Tagesende streifen wir sogar noch den Aischgrund

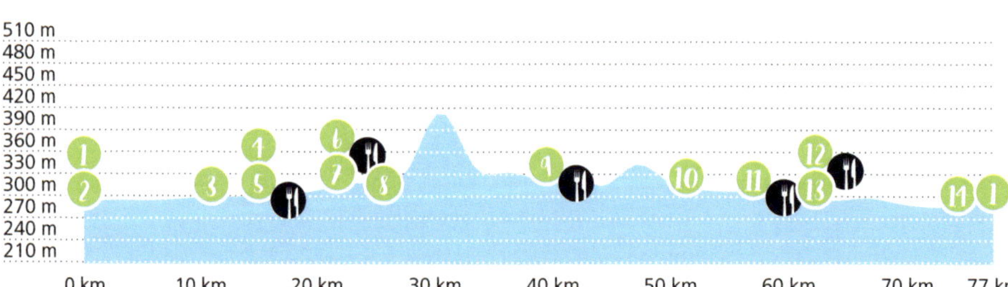

AM FLUSS ZUM WEIN

Übers Aischtal an die Weinhänge des Steigerwaldes

Abwechslungsreicher kann unser Wochenendbikeaway nicht werden. Am ersten Tag geht's durchs herrliche Aischtal. Rund um Bad Windsheim erkunden wir ein paar kleine Winzerorte. Im idyllischen Markt Nordheim lassen wir den Tag ausklingen. Am nächsten Tag geht's durch den Steigerwald und im Ehegrund zurück nach Neustadt a.d. Aisch.

Tag 1 + Tag 2
40 + 38 Kilometer
310+265 Höhenmeter
215+550 Höhenmeter
4 + 3:45 Stunden
Rundtour

Tag 1: Durch ein charmantes Städtchen

Los geht unsere Radltour heute mitten im Aischtal, im hübschen Örtchen Neustadt an der Aisch. Eine über 1250-jährige Geschichte prägt den malerischen Ort. Daher sollten wir an diesem Wochenende den Altstadtbummel nach dem Bikeaway nicht auslassen! Aber erst einmal steigen wir am 1 / Alten Schloss in den Sattel. Hier stehen schon die ersten Radschilder bereit, die uns Richtung Bad

CHARAKTER

Sportlich ●●●●○
Abkühlung ●●○○○
Schlemmen ●●●○○
Panorama ●●●●○

TOUR, DIE DU SO NIE GEMACHT HÄTTEST

TOURENINFO / Den größten Teil der zwei Tage fahren wir auf gut geteerten Radwegen und wenig befahrenen Straßen. Gerade am zweiten Tag gibt's immer wieder mal teils stark geschotterte Wald- und Feldwege. Die größte Herausforderung an diesem Wochenende ist der lange Waldanstieg zwischen Oberntief und Humprechtsau.

◂ links / Natur- und Kulturgenuss auf dem Aischtalradweg

Windsheim über die Brücke über die B470 hinüber zum Festplatz schicken. Wir radeln am Rande des Platzes vorbei und queren kurz darauf die B8 schräg nach links. Ein schmaler Weg leitet uns erst am Friedhof und dann direkt an der Aisch entlang zu einer Straße. Flux geht's schräg nach links hinüber und Am Geißsteg in einem Rechtsbogen durchs Wohngebiet. Noch vor der B8 biegen wir links ab auf einen schönen Teerweg auf den 2 / Aischtalradweg.

Es klappern die Mühlen im Aischtal

Der nächste Abschnitt durch die herrlichen Flussauen des Aischtales ist Radvergnügen und Genuss pur. Der Name „Aisch" könnte einen keltischen Ursprung haben – „Aisk" oder „Eisga", was so viel wie Wasser bedeutet. Den „Aischgrund" kennt man schon seit mehreren Jahrhunderten, so ist z.B. im historischen Wassergrafenbuch von 1504 die Rede vom „grund der Aysch". Wir radeln gut zehn Minuten an sattgrünen Wiesen und ein paar Feldern vorbei. Nach einem Linksbogen geht's über die Bahngleise und schließlich über die Landstraße ins kleine Örtchen Schauerheim hinab. Das Pfarrdorf ist ein Gemeindeteil von Neustadt an der Aisch. Im Ort schwenken wir nach rechts und wechseln am Ortsende nach links auf einen Rad- und Fußweg. Wir begleiten die Landstraße nur wenige hundert Meter, dann leitet uns die Route nach links auf die Felder hinaus. Wieder rauschen wir durch herrliche Natur- und Kulturlandschaft. Nur wenig später folgen wir einem Teerweglein nach Dietersheim. Nachdem wir die Aisch überquert haben, halten wir uns rechts, tangieren das Örtchen also nur am Rande. Auf der anderen Seite des Flusses radeln wir weiter und kommen in zehn Minuten zur 3 / Schormühle. An der Mühle vorbei, mit kurzem Blick auf St. Markus, schwenken wir gleich nach einer kleinen Brücke nach links. Ein Betonplattenweg begleitet uns nun ein gutes Stück

PITTORESKER BLICKFANG

Die über 500 Jahre alte 3 / Schormühle kannst du leider nur von außen anschauen. Dennoch ist sie nach liebevoller Renovierung eine Augenweide.

› rechts oben / Die Schormühle ist ein Blickfang im Naturidyll des Aischtales

121 KM

führt der 2 / Aischtalradweg von der ehemaligen Reichsstadt Rothenburg o.d. Tauber über die Kurstadt Bad Windsheim. Nach den Aischstädten Neustadt und Höchstadt endet er schließlich in der Kaiserstadt Bamberg. 3 Naturparke durchstreift er dabei: Frankenhöhe, Steigerwald und die Fränkische Schweiz.

direkt neben der Aisch und nur durch ein wenig Buschwerk getrennt zu einer weiteren Brücke mit einer schönen Rastmöglichkeit. Hier streifen wir auch die Nundorfer Mühle, einen Ortsteil unseres nächsten Stopps.

Weinbau mit Tradition

Unser Aischtalradweg leitet uns direkt ins Winzerörtchen 4 / Ipsheim. Seit dem Mittelalter wird auf den drei ausgeprägten Südhanglagen um den Winzerort Wein angebaut. Der rote Lehm- und der blaue Keuperboden eignen sich dafür hervorragend. Die B 470 umfahren wir über die Schützenstraße nach rechts durchs Wohngebiet. Dann queren wir die Bundesstraße schräg nach rechts zum Kirchplatz von St. Johannis. Wir richten hier kurz den Blick gen Kirchendach: Hier haben sich ein paar Storchenfamilien häuslich niedergelassen. Wir radeln geradeaus an der Kirche vorbei und schwenken an der nächsten Möglichkeit rechts wieder zur B 470. Schnell auf die andere Seite gehuscht und dann mit dem Radweg direkt an der Bundesstraße entlang, nach Oberndorf und mit einem

Rechtsschlenker kurz vor Ortsausgang zur 5 / Oberndorfer Mühle. Zurück an der Bundesstraße leitet der Radweg allmählich nach rechts, durch Lenkersheim und am Ortsende mit einem Dreh nach rechts über die Aisch und den Flutkanal. Am anderen Aischufer führt uns der Radweg die letzten beiden Kilometer nach Bad Windsheim hinein.

26,9 %

Salzgehalt sorgen für gewaltigen Auftrieb. Mit der vollgesättigten Sole des 750 m² großen, beheizten Salzsees in der Franken-Therme schwebst du nur so auf dem Wasser. Kein Wunder, dass er den Beinamen „Fränkisches Totes Meer" erhalten hat.

Wo zwei Naturparks sich treffen

Über die Schützenstraße und die Schäfergasse leiten uns die Radschilder in die Altstadt und zum 6 / Marktplatz von Bad Windsheim. Am Schnittpunkt von Steigerwald und Frankenhöhe gehen in der hübschen Stadt Geschichte und Kultur Hand in Hand. Der weitläufige Platz lädt mit seinem imposanten Rathaus, der Stadtkirche St. Kilian und freundlichen Restaurants und Cafés zum Verweilen ein. Frisch gestärkt geht's dann weiter. Perfekt ausgeschildert radeln wir an der Kirche vorbei hinab Richtung Bahnhof. Dort schwenken wir mit der Eisenbahnstraße nach rechts Richtung Sugenheim, an der nächsten Kreuzung biegen wir links ab und folgen der Kühlsheimer Straße ein paar hundert Meter bis an eine kleine Grünfläche. Noch vor dem Parkplatz der Franken-Therme schwenken wir nach links, verlassen die ausgeschilderten Wege und radeln nun immer gerade-

< links / Bad Windsheim ist für Radler pferfekt ausgeschildert ^ oben / Ein Schenkelguss an der Kneipp Anlage hilft müden Beinen auf die Füße

aus, an der Therme und der 7 / Kneipp Anlage gegenüber vorbei. Immerzu geradeaus rollern wir aus der Stadt hinaus, bis uns am Ortsende ein Schotterweg aufnimmt. Mit neuen Kräften geht's beschwingt nach links, dann wieder rechts herum, auf ein Hügelchen und am Abbausee und dem 8 / Kühlsheimer Gipshügel vorbei. Über die Straße rollen wir nach Erkenbrechtshofen hinein. Das Sträßlein dreht nach links hinauf und mündet in einer Landstraße. Rechts herum folgen wir ihr bald hinauf und hinab nach Oberntief.

SUBPANNONISCHER STEPPEN-TROCKENRASEN

wird der 8 / Kühlsheimer Gipshügel im Fachjargon genannt. Eine für Bayern einzigartige Gipssteppe, die es so nur im Thüring'schen Harz gibt.

Auf einsamen Wegen nach Markt Nordheim

In Oberntief stoßen wir wieder auf die Radschilder und den Schwarzen Adler mit freundlichem Biergarten. Am Löschweiher biegen wir links ein, kurz darauf schicken uns die Radschilder nach rechts. Wenn man die Einsamkeit in Verbindung mit herrlicher Natur liebt, kommt man auf den nächsten Kilometern ganz besonders auf seine Kosten. Trotz der guten Be-

⮝ oben / Ein einsames und idyllisches Platzerl am Weiher bei Oberntief
➤ rechts / Im sumpfigen Weiher fühlt sich die Schwertlilie ganz besonders wohl

schilderung treffen wir kaum auf andere Radgenossen. Kurz nach den letzten Häusern halten wir uns an der Gabelung links und radeln an Wiesen vorbei bis zu einem herrlichen Weiher. Baden ist zwar erlaubt, aber auf eigene Gefahr. Auf einem fein geschotterten Weg geht's weiter. Im Wald wird der Schotter gröber und der Weg steigt allmählich an. An der T-Kreuzung biegen wir rechts ab und treten nun kräftig in die Pedale, denn es geht recht stramm bergauf. An einer lichten Stelle mit großer Kreuzung schwingen wir nach links und passieren einen malerischen Eichenwald. Ein Teerweg bringt uns zuletzt nach Humprechtsau. Wir biegen rechts ein und radeln am Ortsrand entlang und dann hinauf nach Krautostheim. Vollkommen entspannt geht's auf der Straße dann wieder hinab. Nach fast zwei Kilometer weisen die Radschilder nach links auf einen schönen Weg an den Feldern entlang nach 9 / Markt Nordheim.

2007

erhielt 9 / Markt Nordheim den Titel „Bayerisches Golddorf". Hier gibt's aber auch viel zu sehen: Kneippbecken, ein tolles Gasthaus, die St. Georgskirche aus dem 14. Jhdt. und sogar ein Schloss. Und warum nicht abends noch ein Spaziergang zu den Gipshöhlen im NSG Höllern? Da sagen wir nur: Klein, aber oho!

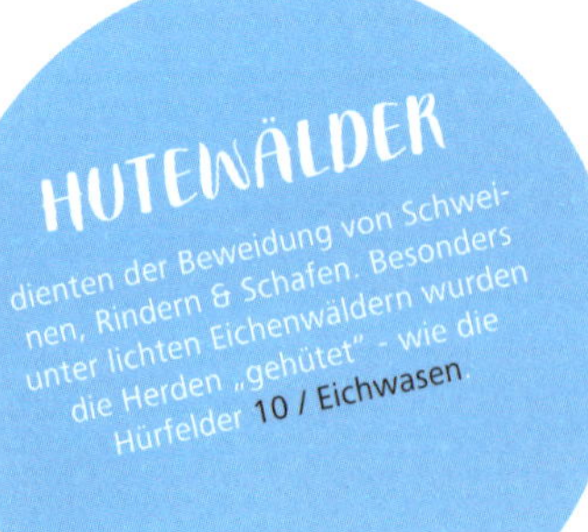

Tag 2: Dorfgetingel nach Markt Bibart

Am nächsten Tag radeln wir bis zum nächsten größeren Ziel durch die typische Flurlandschaft des südlichen Steigerwaldes. So geht's zunächst am oberen Dorfrand zur Landstraße. Wir folgen ihr nach links mit der Beschilderung der Bocksbeutelrunde nach Kottenheim und durchs Örtchen hindurch. Nur wenige Autos begegnen uns auf dem nächsten kurzen Streckenabschnitt Richtung Krassholzheim. Kurz vor'm Ort schwenken wir nach rechts und folgen dem Verkehrsschild auf einer ebenso ruhigen Straße nach Ingolstadt. Im Ort schwingen wir mit der Straße links herum und folgen nun wieder den Radschildern nach Ezelheim. Gleich am Ortsrand schicken sie uns nach links auf schmaler Straße leicht bergan. An der Kirche halten wir uns links und schon bald streifen wir wieder vorbei an Wiesen und durch ein kleines Waldstück bis nach Neundorf. Wir bleiben auf der Straße und fahren rechts herum einmal komplett durch den Ort hindurch. An Feldern und Wiesen vorbei erreichen wir Rüdern. Im Ort schwenken wir links und gelangen wenig später zur Staatsstraße bei Hürfeld. Wir folgen dem Radweg nach links. Er führt uns

parallel zur Straße vorbei an der interessanten 10 / Eichwasen und schwingt nach ca. 800 Metern links herum. Am Ortsrand leitet am Hochspannungswerk ein schmaler Weg nach rechts unter der Bahn hindurch. In Markt Bibart halten wir uns an der Kirche links. Gegenüber der Tankstelle am Ortsausgang geht's rechts, bald auf einem Radweg unter der B8 hindurch.

Feld- und Wiesenride

Ein paar Minuten später führt uns der Radweg nach links auf eine ehemalige Straße. An einem Baumlehrpfad entlang sausen wir hinunter und über die Staatsstraße nach 11 / Scheinfeld hinein. Wir radeln durch den Ort und biegen hinter dem Stadttor in den Südring nach Neustadt a.d. Aisch ein. Zuvor jedoch sei allen, die noch genügend Beinpower haben, das Schloss Schwarzenberg ans Herz gelegt. Die 50 Höhenmeter sind es wert! Zurück auf dem Südring geht's nach den Supermärkten links-rechts durchs Wohngebiet und bald schon über die Wiesen nach Unterlaimbach. Hier können wir auch eine schöne Pause im 12 / Gasthaus zum Löwen machen. Geradeaus führt die Route weiter an Wiesen und Feldern vorbei auf einem gut geteerten und regelrechten Radschnellweg nach 13 / Frankenfeld. Durchs Örtchen hinab und vor der Brücke links an

KM 58,3

10 / Scheinfeld ist nicht nur eine gute Möglichkeit, die Reserven wieder aufzutanken. Falls du noch genügend Power in den Raldwadeln hast, unternimm ruhig einen Abstecher zu Schloss & Kloster Schwarzenberg. Der Weg scheint steil, aber die 50 hm lohnen sich…

< links / Zügig geht's im Laimbachtal voran ^ oben / Schattiger Baumbestand ziert den Biergarten in Unterlaimbach

3 Museen unter einem Dach finden sich im 1 / Alten Schloss. Im Aischgründer Karpfenmuseum erfährst du alles über die lange Zuchttradition der beliebten Speisefische. Das Markgrafenmuseum erzählt von den Hohenzollern und ihrem Einfluss auf das städtische Leben. Die KinderSpielWelten locken die Kleinsten ins Torhaus.

altem Baubestand vorbei. Eine kaum befahrene Straße leitet uns weiter nach Baudenbach. Wir radeln am Brunnen und Gasthaus Wiesner geradeaus weiter Richtung Diespeck. Kurz darauf biegen wir rechts ein und schwenken vor der Friedenskapelle nach links. Dann geht's rechts an der Friedhofsmauer entlang und geradeaus durch eine Ahornallee auf einen schmalen Betonplattenweg. Achtung hier bei Gegenverkehr! Der Weg ist tatsächlich sehr schmal und wenn es nötig ist, einfach mal kurz stehenbleiben. Am Ehebach erreichen wir die kleine Ortschaft Hambühl.

Durch den Ehegrund zurück nach Neustadt a.d. Aisch

Nach der Bachquerung radeln wir durch den Ort bis zur Landstraße. Wir queren sie geradeaus und fahren die nächsten Kilometer über einen breiten Betonplattenweg am Ehebach entlang. In Hanbach halten wir uns links, dann folgen wir dem Radweg an der Landstraße entlang nach Ehe. Wir durchfahren den Ort und bleiben der Richtung und bald wieder unserem Radweg treu. Noch vor dem ersten Haus von Bruckenmühle drehen wir nach rechts, queren die Straße und folgen bald an einem Backsteingebäude vorbei einem schönen Teerweg. Hier sind wir wieder bei den Ausläufern der 14 / Aischgrüde. An einem Weiher vorbei folgen wir nun wieder dem Aischtalradweg den letzten Kilometern zurück nach Neustadt a.d. Aisch. Im Stadtgebiet, gleich am Ende des großen Sportplatzes, biegen wir um eine 180° Kurve nach links und fahren über die kleine Brücke zurück zum Parkplatz am 1 / Alten Schloss.

ZEITREISE

In 13 / Frankenfeld findest du noch zwei ehemalige Gemeindehäuser. Sie gehörten dem Dorfhirten und dem Schäfer und sind mit Infotafeln gekennzeichnet.

< links oben / Auf manchem Radweg kanns ganz schön eng werden

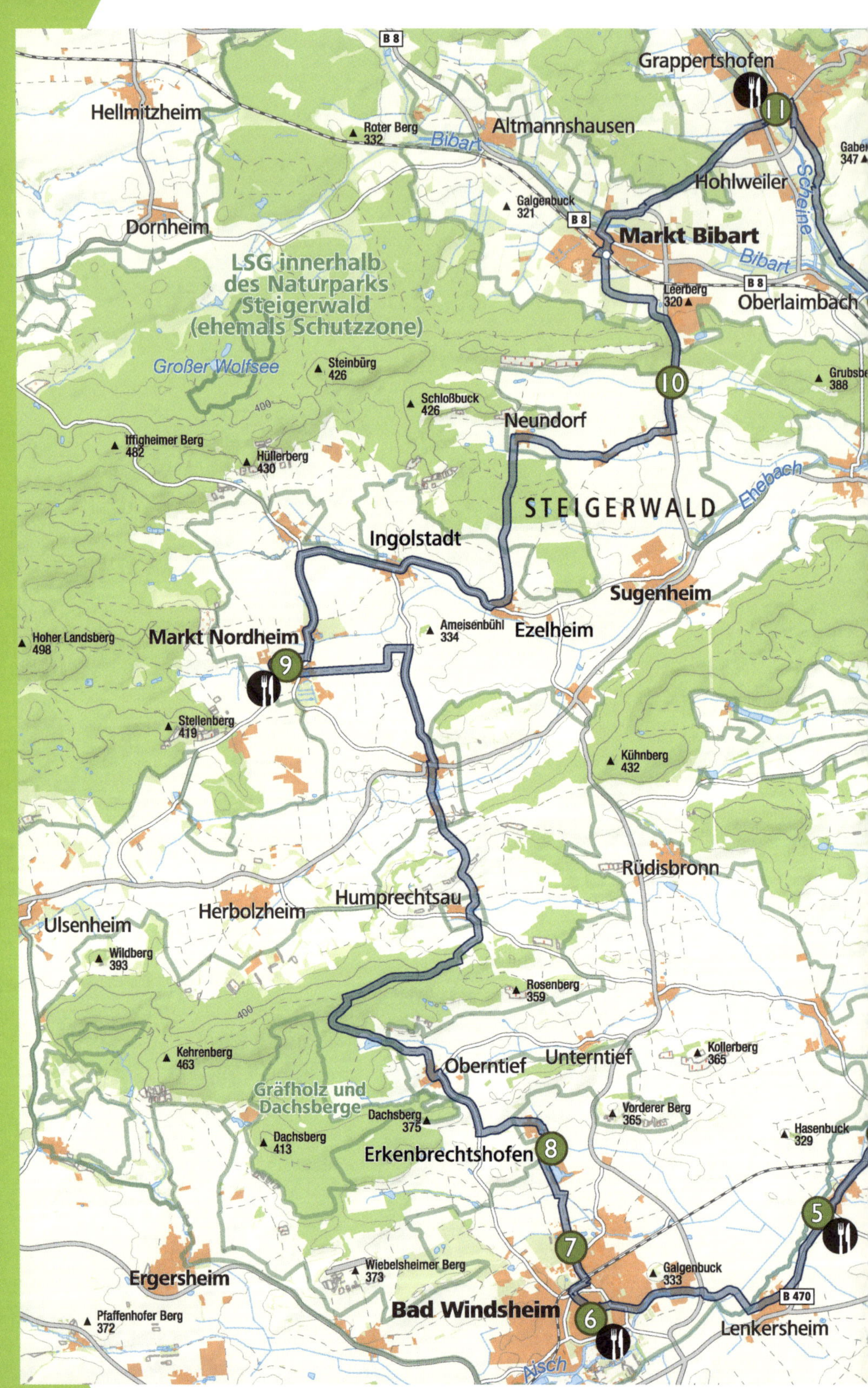

B 8
Grappertshofen
Hellmitzheim
Roter Berg
332
Bibart
Altmannshausen
Hohlweiler
Galgenbuck
321
B 8
Dornheim
Markt Bibart
Bibart
Scheine
LSG innerhalb
des Naturparks
Steigerwald
(ehemals Schutzzone)
Leerberg
320
B 8
Oberlaimbach
Großer Wolfsee
Steinbürg
426
Schloßbuck
426
Neundorf
Iffigheimer Berg
482
Hüllerberg
430
STEIGERWALD
Ehebach
Ingolstadt
Sugenheim
Hoher Landsberg
498
Markt Nordheim
Ameisenbühl
334
Ezelheim
Stellenberg
419
Kühnberg
432
Rüdisbronn
Ulsenheim
Herbolzheim
Humprechtsau
Wildberg
393
Rosenberg
359
Kehrenberg
463
Oberntief
Unterntief
Kollerberg
365
Gräfholz und
Dachsberge
Dachsberg
375
Vorderer Berg
365
Dachsberg
413
Erkenbrechtshofen
Hasenbuck
329
Wiebelsheimer Berg
373
Galgenbuck
333
Ergersheim
B 470
Pfaffenhofer Berg
372
Bad Windsheim
Lenkersheim
Aisch

Tour 21

START / ZIEL

Großparkplatz am Alten Schloss, Neustadt an der Aisch

HINKOMMEN

Auto / Großparkplatz, Schnizzersweg, 91413 Neustadt an der Aisch **ÖPNV /** Vom Nürnberger Hauptbahnhof fahren sowohl die S6 als auch Regiobahn und Regioexpress nach Neustadt an der Aisch

› **1** / Altes Schloss › **2** / Aischtalradweg › **3** / Schormühle › **4** / Ipsheim › **5** / Oberndorfer Mühle › **6** / Marktplatz › **7** / Kneipp Anlage › **8** / Kühlsheimer Gipshügel › **9** / Markt Nordheim › **10** / Eichwasen › **11** / Scheinfeld › **12** / Gasthaus zum Löwen › **13** / Frankenfeld › **14** / Aischgrund

WOCHENENDE IM GRÜNEN
Erholung pur: Grüne Wiesen, plätschernde Bäche, blühende Obstbäume – hier lässt es sich durchatmen und entspannen.

AUFGESATTELT!

RUND UM NÜRNBERG UND RADBASICS

RADVERGNÜGEN

rund um
Nürnberg

Radlfahren hält fit! Aber das ist nicht der einzige Grund, warum es hierzulande immer beliebter wird. Radln bedeutet Freiheit. Den Wind um die Nase, der Kopf wird frei. Und das vor der herrlichen Kulisse von sanften Hügeln, tiefen Wäldern und einer erfrischenden Seenlandschaft. Also aufgesattelt und losgeradelt!

VIELSEITIG UND ABWECHSLUNGSREICH

Wer noch nie im Nürnberger Land per Drahtesel unterwegs gewesen ist, der wird kaum glauben, wie facettenreich die Landschaft ist: Auf unserer Radreise durchstreifen wir gleich vier verschiedene Naturparks, die unterschiedlicher nicht sein können. Im Norden beginnen wir in der Fränkischen Schweiz, die uns als waschechtes Mittelgebirge einiges an Power abverlangt, aber auch mit zauberhaften Naturschauspielen wie die Kirschblüte in Pretzfeld (Tour 19) überzeugt. In der Hersbrucker Schweiz, dem nördlichsten Teil der Fränkischen Alb, begeben wir uns auf sagenhafte Höhlentour (Tour 11). Frankenhöhe und Steigerwald locken uns dann mit herrlichen Wäldern und pittoresken Winzerorten in ihre Naturparkgefilde (Tour 21). An den Toren des Nürnberger Landes im Süden erkunden wir den Bayerischen Jura mit vielen Natur-und Kulturhighlights im Naturpark Altmühltal (Tour 17). Weiher an Weiher, soweit das Auge reicht, präsentieren sich im Aischgrund (Tour 18). Nebenbei bemerkt kannst du hier auch prima Karpfen essen.

ALLES RUND UMS FAHRRADFAHREN RUND UM NÜRNBERG: WIE DIE FAHRRADKULTUR IST UND WAS DICH ERWARTET

RADWEGE BEVORZUGT

Natürlich kann man mit dem Rad auf allen Straßen fahren – doch ist es wesentlich schöner, die bereits „erprobten" Strecken abzuradeln. Neben einigen sicherlich jedermann alten Bekannten wie dem Limesradweg, dem Fünf-Flüsse-Radweg oder auch dem Altmühtalradweg erkunden wir die Gegend auch über kleinere, ortsgebundene Radnetze. Manchmal beradeln wir sogar neue Straßen und gänzlich unbekannte Wege. So oder so, allein schon auf dem mehr als 1000 Kilometer langen Wegenetz des Nürnberger Landes kommen Radler ganz auf ihre Kosten. Infos rund ums Radeln im Nürnberger Land findest du auch unter *urlaub.nuernberger-land.de/outdoor/radfahren* oder *www.stromtreter.de*.

ÜBER DEN LENKER BLICKEN

Das ist so ähnlich wie die Sache mit dem Tellerrand… wer mit offenen Augen fährt, nimmt viel mehr mit. Auf so gut wie allen Touren in diesem Führer gibt es vielerlei Infos an den Strecken – sei es über die vielfältige Kulturlandschaft, die durch Siedlungsgebiete und land- oder forstwirtschaftlich genutzte Flächen führt. Oder kulturelle Besonderheiten entlang des Weges. Einfach mal einen Gang runterschalten lohnt sich, allein schon, um die malerische Landschaft und die herrliche Natur genießen zu können.

E-BIKEN

Dauerhaft flach ist es in den Mittelgebirgen wohl nirgendwo. Je näher wir uns Richtung Süden bewegen, desto weniger Höhenmeter müssen wir zwar pro Tour bewältigen. Aber ganz ohne werden wir nicht auskommen. Zwar reichen für unsere Ausflüge Touren- oder Trekkingräder aus, doch gerade in der Fränkischen Schweiz wird so mancher Radler beglückt sein, wenn er den Motor zuschalten kann. Falls du ohne in recht bergigem Terrain unterwegs bist, dann ist es auch nicht so wild. Frei nach dem Motto: Wo es hochgeht, muss es auch wieder runter gehen. Und DAS ist ein noch größerer Genuss, wenn du dich vorher abgestrampelt hast. Glaub mir! Wer noch „normal" unterwegs ist und mal was Neues ausprobieren möchte: E-Bikes kann man sich in vielen Orten ausleihen. Ladestationen sind ebenso fast überall zu finden. Eine Übersicht findest du auf www.frankentourismus.de/e-bike/ladestationen.

DAS 1X1 DES RADFAHRENS

Für jeden Biker ist sicherlich klar, auf andere Rücksicht zu nehmen – besonders auf Fußgänger. Oft teilen wir uns einen Weg mit ihnen. Auch das rechtzeitige Klingeln gehört da dazu. Kinder haben bis 12 Jahren Helmpflicht. Ich empfehle aber auch jedem Erwachsenen, nicht mehr ohne aufzusatteln. Unsere Routen führen oft an Schutzgebieten vorbei. Hier ist es selbstverständlich, der Natur gegenüber Umsicht walten zu lassen. Zu guter Letzt behalten wir stets das Wetter im Blick: Wetterumschwünge gehen hier oft rasend schnell! Bei instabilem Wetter schadet es nicht, öfter auf die Wetter App zu schauen.

FACTS RUND UM NÜRNBERG

125.000.000 M³ WASSER

werden über den Main-Donau-Kanal jährlich in das wesentlich trockenere Regnitz-Main-Gebiet geleitet (Tour 7, 8)

40 JAHRE

dampfen die Loks bereits durchs Wiesenttal (Tour 9)

170 KM

Damit ist der Ludwig-Main-Donau-Kanal Bayerns längstes Denkmal (Tour 13)

36 HA

machen den Kurpark in Bad Windsheim zum größten denkmalgeschützen Kurpark in Bayern (Tour 21)

550 KM

erstreckt sich der Limes als längstes Bodendenkmal Deutschlands (Tour 20)

>7000 WEIHER

machen die Aischgründe zur größten zusammenhängenden Weiherlandschaft Europas (Tour 18).

4

Naturparks durchstreifen wir auf den Touren in diesem Radvergnügen

100-JÄHRIGES!

feiert die Dampflock „Nürnberg" im Jahr 2023 (Tour 9)

380 KM

Radverkehrsnetz macht Erlangen zur Fahrradstadt par excellence (Tour 2)

12 APOSTEL

gehören zu den meist fotografierten Motiven des Naturparks Altmühltal (Tour 17)

>200.000 BÄUME

auf 25 km² bilden in der Fränkischen Schweiz das größte Süßkirschenanbaugebiet Deutschlands (Tour 1, 9, 19)

25 METER

Hubhöhe weist die Schleuse Eckersmühlen auf und ist damit eine der drei höchsten Schleusen in Deutschland (Tour 7).

RAUSZEIT-HIGHLIGHTS

FÜR KINDER

Wasserstationen, Barfußpfad, Kriechtunnel:
Hier plantschen und toben kleine Radler auf dem Kurat-Hollfelder-Gedächtnisweg.
Tour 1 // Seite 08

Füttern und Streicheln
Im privaten Zoo in Stirn hoffen (meist) verschmuste Vierbeiner auf Leckereien aus dem Futterautomaten.
Tour 6 // Seite 48

Einmal Pirat sein
können die Kids im Waldstrandbad Windsbach. Ein Miniaturpiratenschiff wartet nur darauf, in See zu stechen.
Tour 14 // Seite 126

Playmobilland
Nicht nur am Marktplatz Zirndorf schauen kleine Radler dem Playmobilmännchen in die Augen. Vor den Toren der Stadt wartet gleich ein ganzer Playmobil-Park.
Tour 3 // Seite 24

FÜR E-BIKER

Barockgarten
Sanspareil musst du unbedingt gesehen haben. Mit dem E-Bike kommst du ganz entspannt auf dem Höhepunkt der Tour an.
Tour 1 // Seite 08

Ladepause
Ob Altstadtsightseeing oder Cappuccino – währenddessen kann dein Bike an der Ladestation am Marktplatz Hilpoltstein auftanken.
Tour 7 // Seite 56

Rauf & runter
heißt die Devise in der Fränkischen Schweiz. Angenehm nicht nur für die Auffahrt auf Burg Waischenfeld, wenn man mal den Motor zuschalten kann.
Tour 19 // Seite 180

Radeln & Baden
Nach kraftraubendem Ride nach Arberg warum nicht alle Batterien wieder am Flussbad Mörsach aufladen?
Tour 15 // Seite 136

Top für jede Lust und Laune: Kleine und große Abenteuer, die besten Einkehrtipps und entspanntesten Pausenplätze

FÜR SCHLEMMER

Schäufala
Typisch fränkisch & sehr lecker – aber auch ganz schön deftig. Diesen Klassiker gibt's vielerorts, z.B. in der Klosterbrauerei Weißenohe.
Tour 10 // Seite 84

Schlemmen im Schlossambiente
kannst du auf Schloss Atzelsberg. Ob in edlen Hallen oder im schmucken Biergarten. Beides ein Genuss.
Tour 2 // Seite 16

Fränkische Braukunst
erlebst du in den kleinen Brauereien Frankens. Nicht nur das Held Bräu überraschen dich dabei mit Geschmack und Gastlichkeit.
Tour 19 // Seite 180

Karpfenzeit
Im Brauereigasthof Prechtel landen Karpfen aus dem Aischgrund frisch auf dem Tisch. Blau oder gebacken von September bis April.
Tour 18 // Seite 166

FÜR RUHESUCHENDE

Stiller Beobachtungsposten
Der Aussichtssteg am Nutzweiher ist ein entspannter Ort. Auch unzählige Vögel lassen sich hier nieder, um ein wenig zu relaxen.
Tour 18 // Seite 166

Abseits vom Trubel
So quirlig es am Altmühlsee zugeht, so ruhig ist es an heißen Sommertagen in der kühlen Kirche Mariä Heimsuchung.
Tour 15 // Seite 136

Rast am Limesradweg
Beim Verlorenen Dorf ist schon lange Ruhe eingekehrt. Am schönen Rastplatz nebendran kannst du schauen und genießen.
Tour 20 // Seite 194

Naturidylle
Still wird es im Leidingshofer Tal. An den vielen Rastbänken heißt es dann nur noch: Die Natur und du!
Tour 9 // Seite 72

DAS KRIEGST DU NICHT ALLE TAGE

Wo ist was los?
Die Events zu den Touren findest du hier

LICHTERSERENADE A.D. WIESENT

Ebermannstadt; Grillfest, Lasershow und Lichtspiele.

August

ERLANGER BERGKIRCHWEIH

Volksfest mit Bierausschank in 15 Bierkellern

Pfingsten

ROKKOKO FESTSPIELE

Ansbach; Höfisches Treiben vor der imposanten Kulisse der Orangerie im Hofgarten,

Juni/Juli

SPALTER WIRTSHAUSKIRCHWEIH

in der **Stadtbrauerei**

Oktober

MITTELALTERFEST HILPOLTSTEIN

Ritter, Barden, Beutelschneider auf **Burg Hilpoltstein**

Mai

TRIATHLON ROTH

zählt zu den traditionsreichsten und bestbesetzten europäischen Veranstaltungen

Ende Juni

SEE IN FLAMMEN

Altmühlsee; Fackelschwimmer, illuminierte Boote und ein Barock-Höhenfeuerwerk funkeln über dem Altmühlsee

Juli

BAROCKFEST BERCHING

zum Geburtstag von Christoph Willibald Gluck

Juli

ANNAFEST

Forchheim; Fest zum Gedenken an die Hl. Anna

zehn Tage um den 26. Juli

KIRSCHBLÜTE

Pretzfeld ist das Epizentrum der Kirschblüte in der Fränkischen Schweiz

Mitte-Ende April

ALTSTADTFEST WEISSENBURG

Musik, Tanz, heimische Kultur und Schmakerl

Juli

7-TÄLER-VOLKSFEST DIETFURT

Bereits seit über 60 Jahren gibt es dieses fulminante Volksfest

Juli

MITTENDRIN VOLKSMUSIKTAG

Eichenstätt; Volksmusikfest mit zahlreichen Programmpunkten & viel Musik

Juli

AISCHGRÜNDER KARPFEN-SCHMECKERWOCHEN

drei Monate landen die kreativsten Variationen auf den Tischen der Gaststätten.

01. September bis 01. November

PACKLISTE

GRUNDAUSSTATTUNG

- Fahrradhelm
- Radkleidung
- Radhandschuhe
- Radbrille
- Trinkflasche
- Fahrradschloss
- Handy
- Karte/Navigationsgerät
- Fahrradlicht, Ersatzakku/-batterie
- Erste-Hilfe-Set

TAGESTOUR

- Regenkleidung
- Wechselkleidung
- Reparaturset: Ersatzschlauch, Werkzeug
- Luftpumpe
- Packtaschen klein
- Verpflegung: Snacks, genügend Wasser
- evtl. wasserdichte Handyhülle

BIKEAWAYTOUR

- Zahnbürste
- Waschbeutel
- Packtaschen groß
- evtl. Zelt
- evtl. Schlafsack
- evtl. Kompass
- Handyladegerät

REISE-APOTHEKE

Pflaster & Blasenpflaster, Mückenschutz, Sonnenschutz, Zeckenkarte

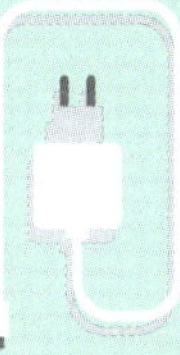

RADCHECK

findest du auf der nächsten Seite

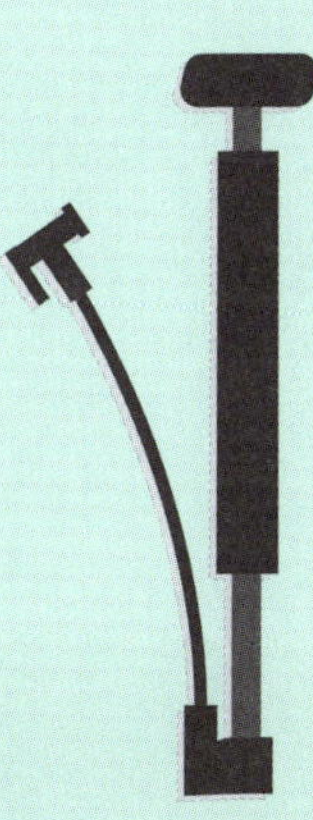

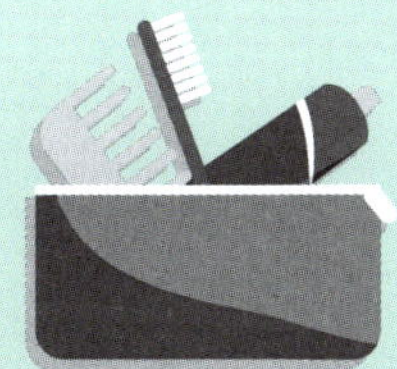

RADCHECK

AM BESTEN
nimmst du dein Fahrrad vor jeder Tour unter die Lupe, zumindest aber beim Frühjahrsputz. Darüber hinaus ist ein regelmäßiger Service bei Profis zu empfehlen.

Picobello: Reinigung des Fahrrads

Ein sauberes Fahrrad lebt länger und dir fallen beim Putzen Defekte auf. Daher ran an den Schwamm und die milde Seife oder den Fahrradreiniger und losgelegt! Wenn das Fahrrad getrocknet ist, mit einem sauberen Lappen Wasserränder wegpolieren. Handarbeit ist angesagt – ein Hochdruckreiniger ist tabu, da er auch Fett und Öl entfernt und Wasser in empfindliche Teile eindringen kann.

Tipp: Für verwinkelte Teile ist eine alte Zahnbürste praktisch.

Pralle Geschichte: die Reifen

Um grob den Reifendruck zu überprüfen, mach die Daumenprobe: Lässt sich der Reifen mehr als 1 cm eindrücken, musst du pumpen. Angaben zu Mindest- und Maximaldruck findest du auf der Reifenflanke. Für wenig Rollwiderstand auf befestigten Straßen orientiere dich an der oberen Grenze, wenn du auf unbefestigten Wegen unterwegs bist, an der unteren. Je schmaler der Reifen und je höher das Gesamtgewicht, desto mehr Luftdruck ist nötig. Am einfachsten lassen sich die Reifen mit einer Standpumpe mit Druckmesser aufpumpen.

Tipp: Fahrradgeschäfte bieten manchmal vor Ort gratis Pumpen zum Selbermessen und -aufpumpen an.

Nimm auch das Reifenprofil unter die Lupe: Entferne eventuelle Steinchen oder Scherben und halte nach Rissen oder Schnitten Ausschau. Wenn das Profil zu brüchig oder stark abgefahren ist, brauchst du einen neuen Mantel.

Läuft wie geschmiert: Kette reinigen und ölen

Fürs Reinigen zuerst mit einem trockenen Tuch Kette von altem Fett und Schmutz befreien, indem du am Pedal drehst und so die Kette durch das Tuch ziehst. Den feinen Zwischenräumen kannst du wieder mit der Zahnbürste zu Leibe rücken. Danach Kettenöl, am besten biologisch abbaubares, auftragen, indem du es hinten auf die Kette träufelst, während du sie mit dem Pedal durchdrehst. Kurz einwirken lassen, dann mit einem Lappen das überschüssige Öl von der Kette abziehen.

Tipp: Hast du eine Kettenschaltung, schalte einmal alle Gänge durch, damit sich das Öl auf allen Zahnrädern verteilt.

Eine gut geölte Kette und der richtige Reifendruck machen außerdem ein E-Bike leichtgängiger, was die Akku-Reichweite erhöht.

✓ Schraube locker?

Prüfe regelmäßig die Schraubverbindungen der Steuerung (Lenker, Vorbau und Steuersatz), Laufräder, Pedale, Sattelklemmen und Anbauteile wie Schutzbleche und Gepäckträger.

Tipp: Legst du selbst Hand an, ist ein Drehmomentschlüssel am besten, damit du die Schrauben entsprechend den Drehmomentangaben für dein Fahrrad nachziehen kannst.

✓ Nichts kann dich stoppen, außer: die Bremsen

Prüfe, ob vordere und hintere Bremse einen gleichmäßig starken Druckpunkt haben. Öffne und schließe die Bremsen auch im Stand. Wenn bei hydraulischen Bremsen mehrmaliges Pumpen für einen soliden Druckpunkt erforderlich ist oder sich der Hebel bis zum Lenker durchziehen lässt, muss das System entlüftet werden. Wenn bei mechanischen Felgenbremsen die Bremsarme nicht gleichmäßig arbeiten, einstellen (lassen). Sind die Verschleißindikatoren auf den Bremsbelägen, kleine Rillen im Gummi, verschwunden, müssen die Beläge getauscht werden. Den Verschleiß von Scheibenbremsen kannst du bei relativ neuen Belägen mit einer Taschenlampe von oben durch den Schlitz im Sattel prüfen. Bei älteren und dünneren Belägen müssen die Räder zur Sichtprüfung ausgebaut werden.

Tipp: Gegen Verschmutzung und Korrosion der Bremszüge bei mechanischen Bremsen hilft ein Spritzer Teflonspray in die Enden der Außenhüllen. So gleiten die Kabel besser in ihrer Hülle.

✓ Damit dir ein Licht aufgeht: die Beleuchtung

Weil's am Abend auch schon mal später werden kann und du auch am Rückweg sichtbar sein möchtest: Sind Lichter und Reflektoren vorhanden und funktionieren sie?

✓ Für alle mit extra Antriebskraft: Akku & Motor

Bei längerer Nichtnutzung, zum Beispiel in der Winterpause, achte darauf, dass sich der Akku nie tiefentlädt. Korrosionsspuren bei den Steckverbindungen kannst du mit einem speziellen Kontaktspray entfernen. Fallen dir Schäden am Motorgehäuse auf, am besten schnell in eine Fachwerkstatt.

Los geht's!